911 헬리콥터 영성

나는 늧다

| 이영숙 지음 |

쿰란출판사

추천사

"오직 주님만을 위하여!"

오직 주님만을 위하여 헌신하신 이영숙 목사님의 《나는 늦다》 출간을 진심으로 축하드립니다. 이 목사님은 지성과 영성을 갖춘 하나님의 사람이시며 신앙의 거울을 소유한 분으로 하나님의 말씀과 매일의 삶이 일치하는 목사님이십니다.

"나의 달려갈 길과 주 예수께 받은 사명 곧 하나님의 은혜의 복음을 증거하는 일을 마치려 함에는 나의 생명을 조금도 귀한 것으로 여기지 아니하노라." 사도 바울의 고백처럼 목사님은 목회 현장에서, 목사회 회장으로서, 세선선교회 회장으로서, 선교의 현장에서 항상 최선을 다하여 맡은 바 사명을 감당하는 목사님이십니다.

이 목사님은 말씀대로 살아오셨고 말씀으로 목회하시며 말씀을 전파하시는 신실한 그리스도의 제자요 목회자의 길을 걸어오신 목사님입니다.

"살아도 주를 위하여 살고 죽어도 주를 위하여 죽나니 그러므로 사나 죽으나 우리가 주의 것이로라." 생사를 주님께 맡기고 살든지 죽든지 내 몸에서 그리스도만 존귀하게 되기를 원한다는 사도 바울처럼 극한의 연단과 시련을 통한 신앙과 결연한 태도가 목사님의 삶을 온전히 지배하고 있음을 아이티 선교 현장에서 발견할 수 있었습니다.

무정부 상태인 아이티 선교의 여정에 헬리콥터를 타고 구조되는 죽음의 위기에서 남 모르는 생사의 갈림길을, 오직 하나님의 살아계신 역사로 이겨 내심을 보며 하나님의 특별하신 손길과 보호와 인도하심에 진심으로 감사드립니다.

많은 연단을 통해 더욱 귀하게 사역하시는 목사님의 모습에서 너무 많은 은혜와 도전과 감동을 받았습니다. 영혼을 구원하고자 하는 뜨거운 열정을 가지고 달려오신 신실한 말씀의 종, 이영숙 목사님을 강하게 주님 손에 붙들어 쓰시고 계심에 감사드립니다.

온전히 헌신된 목사님의 진솔한 삶의 간증을 통하여 이 책을 읽는 자마다 하나님의 크신 은혜와 성령의 감동이 넘치시기를 바라며 적극 추천하는 바입니다.

볼티모어교회 원로목사 이영섭

추천사

　이영숙 목사님의 삶은 기독교 다큐멘터리로 제작해도 손색이 없을 정도로, 그만큼 하나님의 은혜와 부르심에 대한 생생한 증언을 써 내려가고 계신 분입니다. 제가 지난 10여 년 안에 만났던 여러 사람들 가운데 가장 많은 변화와 성장, 성숙을 이루어 가시는 분이 이영숙 목사님입니다. 자신에게는 철저하고 엄격하면서도 타인에게는 한 없이 너그럽고 관대하고 인내하며 사람을 살리고 키워 가시는 참된 목자십니다. 10여 년 전 '미주목회자성경연구원'(이하, 목성연)을 통하여 목사님과 만난 이후에 말씀 사역에 대한 열정과 헌신이 얼마나 대단한지 목성연 안에서 말씀 전달 사역자로 우뚝 서 가고 계십니다.

　현재 아이티공화국은 지구상에서 가장 위험한 나라 중에 단연 으뜸입니다. 한국에서는 여행 금지 구역으로 지정되어 있고 미국에서도 여행 자제를 권고하는, 치안 상태가 매우 불안정한 나라입니다. 그럼에도 불구하고 아이티 목회자들에게 말씀을 전할 사명감으로 수차례 섬기고 계십니다. 책 속에 소개되는 아이티에서의 긴박한 순간들은, 복음 전파 현장에서 만난 위기가 오히려 하나님의 섬세한 손길에 의해 구원받고 승리한 노래, 위대한 간증이었습니다.

목사님은 말씀 사역, 치유 사역, 일대일 제자 사역 등 배운 대로 묵히지 않고 곧바로 성도들에게 젖과 이유식과 밥과 떡이 되도록 적용하여, 섬기는 비전침례교회가 상처받은 영혼들이 치유함을 얻는 공동체, 목사님과 함께 동역자로 세워지는 건강한 공동체로 나아가고 있습니다. 목사님께서 헬리콥터에 비유하신 목회자의 여정은, 하나님께서 얼마나 즉각적이고도 섬세하게 일하시는지 깨닫게 합니다. 세상을 살아가는 패잔병 같은 영혼들에게 공감과 격려를 넘어 하나님의 나라로 초대하는 목사님의 사명은 모든 목회자와 성도들에게 큰 도전을 줍니다.

특히, 세선선교회 시니어들을 섬기면서 인생의 황혼기를 선교와 전도의 황금기로 재해석하며, 시니어들을 하나님 나라의 군사로 세워가는 열정과 탁월함에 큰 박수를 보냅니다.

이 책은 단순한 이야기집이 아니라, 하나님의 복음이 모든 세대와 다양한 문화 속에서 어떻게 역사하는지를 보여주는 생생한 증언입니다. 이영숙 목사님 자신은 항상 늦었다고 표현하시지만 하나님께서 쓰신 구속사의 일꾼들은 "약한 그때에 강함이라"(고후 12:10하, 개역한글)는 말씀처럼 약하고, 부족하고, 미흡하다고 생각하는 그 부분을 오히려 하나님의 강함으로 사용하심을 봅니다. 이영숙 목사님의 늦음은 오히려 하나님의 강함이 되셨습니다.

 하나님께서 목사님의 삶 속에 펼치신 놀라운 계획과 열매들이 이 책을 읽는 모든 분들께 도전과 소망을 안겨 줄 것입니다.

 하나님의 꿈을 품고, 그분의 약속을 따라가는 모든 이들에게 이 책을 강력히 추천합니다.

워싱턴 서머나교회 담임목사 박은우

추천사

할렐루야!

선교의 열정이 특별한 이영숙 목사님이 선교의 책을 출간하신다니 정말 축하드립니다. 이영숙 목사님을 지난 22년 동안 알았지만, 한결같은 영혼 사랑으로 한 영혼이 천하보다 귀하다고 말씀하면서 한 사람 한 사람을 끝까지 사랑하시는 그 모습이 너무도 귀하고 아름답습니다. 모든 사람을 사랑하는 따뜻한 마음으로 사역하는 교회에서도, 카자흐스탄에 가서도, 도미니카에 가서도 열정적인 복음 전도로 보여준 탁월한 리더십은 어느 곳으로 선교를 가도 늘 성령 충만한 참된 리더의 모습으로 모든 사람의 본이 되셨습니다.

제가 아이티에 선교사로 들어가서 여러 어려움 속에 있을 때에도 이영숙 목사님의 많은 도움과 권면이 있었습니다. 2019년 2월에 아이티 상황이 안 좋아 길을 막고 타이어를 태우고 할 때에도 어려움을 뚫고 들어오셨고, 코비드 팬데믹 때에도 비행기 항로가 열리니 들어와서 코비드로 낙담하고 있는 아이티 현지 목사님들에게 말씀 한 문장, 한 단어를 간단하면서 명확하게 그분들의 눈 높이로 강의를 하시니 모두 다 귀를 기울이고 눈을 반짝이면서 청종하며 그것을 들었습니다.

특히 아이티와 같은 열악한 선교지에 와서도 늘 기쁨이 충만하고 열정적으로 현지 목회자 분들에게 말씀을 가르치시고, 가르치는 자의 권위가 아닌 따뜻한 사랑으로 모든 사람을 대하며 사람들을 가까이하고 친밀하게 하며, 말씀만 가르치는 것이 아니라 사랑으로 손을 잡아 주며 가르치시니 현지의 목회자분들이 이 목사님을 따르고 기다리고 계십니다. 남을 배려하며 섬겨 주시는 이영숙 목사님은 예수님의 참 제자 된 모습입니다. 늘 환하게 웃으시면서 사랑으로 아이티 현지 목회자들을 격려하면서 아이티의 영적 발전을 위해 같이 기도하자고 하셨습니다.

아이티에 하나님의 나라가 세워지고 사람들이 변화 받기를 기도하며, 현지 목회자들에게 바른 복음과 성령 충만으로 성도들을 양육하라고 말씀하셨습니다. 목성연에서 나온 출애굽기 도표로 시작하여 가르치실 때에는 아이티 목사님들이 말씀을 그림 보듯이 확실히 알게 되었다고 기쁨의 눈물을 흘리면서 아이티 목성연 지부가 시작되었습니다. 앞으로도 하나님이 더욱 귀하게 쓰시는 이영숙 목사님께 더 많은 간증 거리가 있을 것을 기대합니다.

아이티 선교사 김용옥

Recommendation Letter

Hallelujah!

Congratulations to Pastor Yongsuk Lee on the publication of her mission book. Having known Pastor Lee for 22 years, I have consistently witnessed her unwavering passion for souls. She always emphasizes that one soul is more precious than the whole world, and her persistent love and care for each individual is truly admirable and beautiful. Her warm heart and genuine love for everyone are evident not only in her ministry at her church but also during her missionary work in Kazakhstan, the Dominican Republic, and beyond. Her passionate evangelism and exceptional leadership, guided by the Holy Spirit, have set an inspiring example of true Christian leadership wherever she goes.

When I faced various challenges as a missionary in Haiti, Pastor Lee provided me with much-needed support and guidance. In February 2019, despite the difficult circumstances in Haiti, where roads were blocked, and tires were burned during protests, Pastor Lee braved the challenges and came to minister. Even during the COVID-19 pandemic, as soon as flights resumed, she arrived in Haiti to encourage local pastors who were disheartened by the crisis. Her teachings were simple yet precise, delivered at a level that resonated deeply with the local pastors. They listened intently, their eyes shining with new found hope as they absorbed her lectures.

Even in a challenging mission field like Haiti, Pastor Lee always radiated joy and passionately taught the Word of God to local pastors. She approached everyone with warmth and love, not from a position of authority but as a caring mentor, drawing people close and forming genuine connections. Her teaching was accompanied by acts of love—holding hands and uplifting others—which led the local pastors to not only respect her teachings but also deeply cherish her presence. They eagerly look forward to her visits, waiting for her return. Pastor Lee truly embodies the character of a disciple of Jesus, demonstrating humility, love, and a servant's heart. With her radiant smile, she constantly encouraged Haitian pastors and called for collective prayer for the spiritual growth of Haiti.

Pastor Lee prays fervently for the establishment of God's kingdom in Haiti and for the transformation of its people. She has consistently emphasized to local pastors the importance of nurturing their congregations with sound doctrine and the fullness of the Holy Spirit. Using resources like the Exodus Diagram from GMBI, she taught with clarity that brought the Word of God to life for Haitian pastors, enabling them to grasp its truths as if seeing a vivid picture. This teaching sparked tears of joy among the pastors and led to the establishment of the Haiti branch of GMBI.

I look forward to witnessing even more of Pastor Lee's inspiring testimonies as God continues to use her for His glory.

Missionary to Haiti, Kim Young-ok

추천사

　우리는 정도의 차이는 있으나 모두 아픈 사람들이다. 타락한 세상에서 살고 있는 우리의 삶에 전쟁, 질병, 그리고 아픔이 있는 것은 당연한 일이다. 그러나 그 어려운 환경을 어떻게 바라보는가에 따라 삶의 질은 확연하게 달라진다.

　책의 내용은 저자가 그녀의 일상생활과 극한 상황에서 겪은 고난과 기쁨, 그리고 희망을 노래한 신앙 여정의 영성 일기다. 그러나 이 책은 단지 개인의 이야기로 그치지 않고, 힘든 세상을 살아가는 아픈 사람들에게 하나님 말씀의 능력이 큰 위로와 영감을 줄 것이다.

　저자의 고백적이며 진솔한 태도가 책을 읽는 내내 깊은 인상을 주었다. 저자를 만난 지 어언 10년이 넘었다. 항상 매일이 새롭고 긍정적이며 온전히 하나님의 주권을 믿는 그녀의 모습은 도전을 주었다. 또한 독수리처럼 올라가는 그녀의 끊없는 신앙의 성숙에 배움을 얻는다.

　저자는 '나는 늦다'로 서문을 연다. '늦다'라는 용어는 그녀에게 축복을 주며, '늦다'라고 생각하는 분들에게 "늦었다 생각되어도 시작하길" 바라는 진심 어린 격려로 글을 마친다.

이 책을 편찬하도록 기회와 사건을 마련하신 하나님께 모든 영광을 돌리며 이 책을 강력히 추천한다.

메릴랜드 신학교 교수 조명옥

하늘기쁨교회 EM 목사

Hospice Chaplain, RN.

머리말

"내가 너에게 굳세고 용감하라고 명하지 않았느냐! 너는 두려워하거나 낙담하지 말아라. 네가 어디로 가든지, 너의 주, 나 하나님이 함께 있겠다."(수 1:9, 새번역)

이 말씀은 2003년 어느 봄날 하나님께서 제게 주신 귀한 약속입니다. 당시 저는 직장을 다니며 신학대학에서 공부를 시작해, 밤낮으로 바쁜 나날을 보내고 있었습니다. 우리 가족은 꿈꾸던 벽돌집에서 살며, 차 두 대가 들어가는 차고와 1에이커의 땅을 누리던 평화로운 생활을 했습니다. 집 앞에는 감나무와 무화과나무를 심어 봄에는 무화과를 따 먹고, 가을에는 감이 열리기를 기다리며 소박하게 살았습니다.

당시 다니던 교회는 미국교회를 빌려 오후에 예배를 드렸습니다. 어느 날 담임목사님께서 교회를 위한 적당한 부지를 보았다고 하셨습니다. 10에이커 정도 되는 교회를 세우기에는 적당했지만, 교회의 재정으로는 땅을 사거나 건축하는 것이 불가능할 것 같다고 말씀하셨습니다.

그 땅을 보러 가니, 200년 가까이 된 농장에서 일하던 사람들이 살았던 낡은 집이 하나 있었고, 대부분의 땅은 풀과 가시덤불로 덮여 있었습니다. 2에이커 정도는 사용할 수 있었지만, 나머지는 나무가 울창하게 우거진 상태였습니다.

사실 그로부터 1년 전, 2002년 여름에 저는 매일 밤 같은 꿈을 꾸었습니다. 꿈속에서 저는 한 농가에 살며 앞마당에 가건물을 짓고, 많은 사람들이 와서 쉼을 얻는 모습을 보았습니다. 당시에는 그저 지나가는 한여름밤의 꿈으로 생각하며 잊어버렸습니다.

하지만 하나님께서는 여호수아 1장 9절 말씀을 통해 우리 가정을 그 땅으로 이사하게 하셨습니다. 하나님의 말씀에 순종하여 살던 집을 팔고 그 땅으로 이사했습니다. 하나님께서는 그곳에서 우리와 함께하시며, 교회를 세우고 일하게 하셨습니다.

저는 남침례교단의 Southern Baptist Seminary를 졸업하였습니다. 목사가 되리라는 생각을 못했지만 하나님께서 계획하신 것은 우리의 생각과 달랐습니다. 독립교단에서 목사 안수를 받았고, 메릴랜드 목사회의 회장이 되게 하셨고, 세선시니어 선교회의 회장이 되고, 그리고 목성연의 멤버로서 아이티의 목사님들에게 말씀을 전하는 말씀 선교의 문도 열어주셨습니다.

특별히 제가 아이티에 있는 동안 눈물로 기도해 주신 남편과 딸들 가족과 비전침례교회 교우들과 목성연 가족들과 세선 시니어 선교회원들과 지역 교회의 목사님들, 사모님들, 지역 교회 성도님들 모든 분들에게 이 책을 통해서 함께 해 주심에 감사드리며 하나님께 영광을 돌립니다. 하나님께서 남은 생애의 일들을 어떻게 계획해 놓으셨을지 설레는 마음으로 오늘을 살아갑니다.

목차
Contents

추천사 이영섭(볼티모어교회 원로목사) _2
박은우(워싱턴 서머나교회 담임목사) _4
김용옥(아이티 선교사) _7
조명옥(메릴랜드 신학교 교수, 하늘기쁨교회 EM 목사,
Hospice Chaplain, RN.) _12

머리말 _14

Part 1. 아이티 영성일지
나는 늦다 _20
구원의 헬기를 타고 _25
총성 속 영성일지 _28

Part 2. 다림줄 말씀 묵상
역사서_ 여호수아, 사사기, 룻기, 사무엘상 _86
예언서_ 이사야, 예레미야, 예레미야 애가, 에스겔,
요엘, 아모스, 오바댜, 요나, 미가, 나훔, 하박국,
스바냐, 학개, 스가랴, 말라기 _95
사복음서_ 마태복음, 마가복음, 요한복음 _193

Part 3. 일상과 묵상
새벽이면 어김없이 눈을 뜨는 이유 _288
깊숙이 숨겨둔 죄 _289

충성스러운 동반자 _291
어린아이같이 돌보아 주시는 사랑 _292
아이린의 졸업식 _293
약속이 없어서 행복한 아침 _295
불평 없는 딸들에게 감사 _296
용기는 하나님의 특별한 은혜 _297
독을 깨끗이 비울 수 있는 유일한 길 _299
우리의 심령이 메마르면 _300
주인이 있기 때문에 _301
받쳐 주고 밀어 주고 끌어 주며 가는 나라 _302
섬길 사람들이 있는 행복 _304
사모하는 심령이 주는 기쁨 _305
등을 맞댈 수 있게 세우시며 _306
얼마나 많은 말이 사람 속에 들어 있어서 _307
병든 뿌리는 씻어 내고 _308
오이1_말씀의 단비를 머금을 때 _310
오이2_배우는 것이 많으니 보는 것도 많아서 _311
오이3_양면성 _312
오이4_기적을 맛보고 기쁨을 누리는지 궁금하다 _313
오이5_마음을 숙인 것밖에는 없는데 _314

에필로그 _316

Part 1.

아이티
명성일지

나는 늦다

서른 살에 대학생이 되었고, 서른다섯 살에 처음으로 직장 생활을 시작했다. 마흔세 살에 신학 공부를 시작했고, 마흔여덟 살이 되어서 목회를 시작했다.

> "여호와께서 사람의 걸음을 정하시고 그의 길을 기뻐하시나니 그는 넘어지나 아주 엎드러지지 아니함은 여호와께서 그의 손으로 붙드심이로다"(시 37:23-24).

나는 늦다.
'늦다'는 보통은 좋은 느낌을 주지 않는 단어이다. 약속 시간에 늦었다거나, 과제를 늦게 제출했다거나 하는 때에 많이 사용되기 때문이다. 하지만, 나에게 '늦다'라는 단어는 축복이다.
"여호와께서 사람의 걸음을 정하시고 그의 길을 기뻐하시나니 그는 넘어지나 아주 엎드러지지 아니함은 여호와께서 그의 손으로 붙드심이로다"라는 이 말씀은 나에게 지금까지의 여정이 결코 늦은 것이 아니라 하나님의 시간 안에서 의미 있는 과정임을 확신시켜준다. 내 걸음을 정하신 여호와께서 내가 걷는 길을 기뻐하시는 것을 알려 주시는 말씀이다. 내가 가만히 엎드려 있는 동안 시간이 지나가긴 하지만 결국 하나님의 손으로 붙들어 세우신다는 말씀을 믿는다.

나는 늦다.

게을러서 늦은 것이 아니고, 하나님께서 아직 훈련되지 않은 나를 기다리시느라 다른 사람들보다 여러 가지 일들에 늦어졌다. 대학에 들어가는 일이 늦었고, 직장에 들어가는 일이 늦었고, 신학도 늦게 했기에 목회를 시작한 시기도 늦었다.

나는 세상이 보기에 늦다. 그러나 하나님 보시기에 내가 감당할 수 있는 적절한 때였다고 생각한다.

2024년 2월 마지막 주간 아이티에 선교를 갔다. 원래는 며칠 안 되는 짧은 일정이었다. 내가 섬기는 교회 사역과 남편이 있는 미국에 할 일이 많은 까닭에 오래 자리를 비울 수 없다고 생각했다. 한 달 전에 손목이 부러져서 수술을 하고 아직 완치가 되지 않은 상태였다. 그래서 아이티에 선교를 '빨리' 다녀오려고 했다. 그러나 나는 미국에 '늦게' 돌아왔다. 아이티에서 폭동이 일어나서 비행기를 타고 올 길이 막혔기 때문에 한 달을 아이티에 머물러야 했다. 꼭 먹어야 하는 약이 떨어져서 얼굴, 다리와 발이 많이 부어서 고생하기도 하고, 총알이 당장 문을 뚫고 들어올 것 같은 총성 속에서 한 달을 지냈다.

가족들과 성도들 그리고 지인들이 다 같이 내가 안전하게 미국으로 돌아오길 기도해 주셨다. 나도 빨리 돌아오고 싶었다. 그러나 나는 '늦게' 미국에 돌아왔다. 그것도 안전하게 미국 해병대의 호위를 받으며 헬리콥터를 타고 돌아왔다. 이런 호위까지 받으며 선교에서 돌아올 줄은 상상해 본 적도 없는데 '늦게' 돌아온 대신 큰 경험을 했다.

아이티에서 한 달을 보내면서 깨달은 것이 많다. 험난한 선교지에서 긴 세월을 헌신하시는 선교사님들의 노고를 온몸으로 뼈져리게 깨달았다. 눈물로 간절히 기도하는 가족의 소중함과 성도들의 사랑을 깊이 깨달았다. 여러 목사님들의 기도로 인하여 평강을 누렸다. 그리고 매일 묵상하는 말씀의 능력을 깨달았다. 총성 속에서도 매일 말씀을 묵상하고 영성일지를 계속 쓸 수 있음에 큰 위로가 되었다.

늦게 신학을 하고 목회를 시작했지만, 어느 사이에 감옥에서도 찬양한 바울과 실라처럼 언제 죽을지 모르는 상황에서도 말씀을 묵상하고 기도할 수 있었음은 하나님께서 허락하신 특별한 은혜였다. 하나님의 말씀을 사모하면서 '늦게라도' 신학을 하였더니 빈틈없는 하나님이 늦은 내게 걸맞는 일을 또한 준비하셨다. 그래서 세선시니

어선교회를 섬기게 하신 것이다. '늦은 시간은 없다. 알맞은 시간이 있을 뿐이다'라는 것을 나를 통해 알리길 원하셨을 것이다.

나는 늦다.

그러나 하나님께서 원하시는 때에는 제일 빠른 1호가 되기도 한다.

> "오직 여호와를 앙망하는 자는 새 힘을 얻으리니 독수리가 날개 치며 올라감 같을 것이요 달음박질하여도 곤비하지 아니하겠고 걸어가도 피곤하지 아니하리로다"(사 40:31).

나는 늦다.

그래서 다 늦어서 무슨 힘이 있어서 그런 일들을 하냐고 세상이 내게, 그리고 내 자아가 내게 물을 때면, 이 말씀을 떠올린다. 그리고 "오직 여호와를 앙망하는 자는 새 힘을 얻는다. 나는 여호와를 앙망하기에 피곤하지 않다"라고 선포한다.

비전을 따라 살기에 늦은 나이가 아니면서 두려움에 망설이는 사람들도 있다. 나의 사랑하는 두 딸과 손녀 아이린과 다음 세대들, 그리고 실패할까봐 두려워서 머뭇거리는 사람들에게 꼭 전해 주고픈 말씀이 있다.

> "너희 안에서 착한 일을 시작하신 이가 그리스도 예수의 날까지 이루실 줄을 우리는 확신하노라"(빌 1:6).

하나님께서 시작하신 일은 반드시 완성될 것이다. 두려워도 시작하고, 늦었다고 생각되어도 시작하길 바란다.

나는 늦다.

그래서 늦게까지 하나님을 예배하며 행복할 것이다.

구원의 헬기를 타고

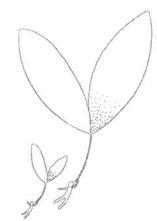

미리 싸 놓은 백팩을 메고 나가면서도 실감이 나지 않았다. 아침 7시까지 미 대사관에 도착하라고 해서 일찍 집을 나섰다. 길에는 차가 보이지 않았고 여기저기 타이어를 태운 흔적들이 있었다. 마치 아슬아슬한 전쟁터에서 언제 터질지 모르는 폭탄 속을 피해 가는 느낌이었다. 하나님의 은혜가 지극하심으로 잠깐씩 끊기는 사이를 주셔서, 피할 길을 여심에 감사드린다.

지난 한 달 동안 계속해서 들려오는 총성 속에서 내일은 무사히 떠날 수 있을지 막막한 심정으로 하나님께 기도드렸는데 우리를 태울 헬기를 보니 감사 기도가 먼저 나왔다.

'하나님께서 이 시간을 내게 허락하신 이유는 무엇일까?'
아이티에 고립시키시며 내게 말씀하시는 하나님의 세미한 음성을 듣기 위해 말씀 묵상과 영성일지 기록을 계속했다. 금방이라도 총알이 집안으로 날아들 것 같은 긴박한 상황 속에서도 일지를 기록하며 '내일은 미국으로 돌아갈 수 있을까?' 하는 생각에 잠기지 않게 하시는 하나님의 은혜가 부어졌다. 아이티를 섬기시는 선교사님과 생사고락을 함께한 한 달의 시간을 통해 더욱 깊은 교제를 할 수 있었던 것도 큰 은혜이다.

아이티에서 미 해병대의 보호를 받으며 헬기를 타던 순간을 떠올리다가 복음성가 한 소절이 떠올랐다.

> 나는 구원열차 올라타고서 하늘 나라 가지요
> 죄악 역 벗어나 달려가다가 다시 내리지 않죠

가사를 떠올리니 눈시울이 뜨거워졌다. 이 땅에서 생을 마감한 후에야 죽음에서 영생으로 옮겨지는 경험을 할 수 있을 텐데, 살아 있는 동안 구원 헬기로 경험하게 해주신 하나님께 감사한 마음이 들어 눈물이 났다. 그 땅에서 태어난 순간부터 불안과 공포의 시간을 보내지만 구원 헬기를 탈 자격-미국 시민권이 없어서 그 땅에 있을 수밖에 없는 아이티 사람들, 저들이 제발 예수 그리스도를 영접하고 '하늘 시민권'을 받아 영혼의 구원은 받을 수 있기를 기도했다.

"자비로우신 하나님, 아이티의 검은 눈동자에 드리워진 슬픔은 거두어주시고, 천국 소망으로 빛나도록 이 땅을 새롭게 하여 주소서. 악을 제하여 주시고 새 하늘과 새 땅이 임하게 하소서."

나는 구원열차 올라타고서 하늘 나라 가지요
죄악 역 벗어나 달려가다가 다시 내리지 않죠
차표 필요 없어요 주님 차장 되시니 나는 염려 없어요
나는 구원열차 올라타고서 하늘나라 가지요

나는 구원방주 올라타고서 하늘 나라 가지요
험한 시험물결 달려들어도 전혀 겁내지 않죠
뱃삯 필요 없어요 주님 선장 되시니 나는 염려 없어요
나는 구원방주 올라타고서 하늘나라 가지요

총성 속 영성일지

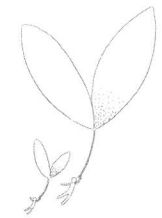

나만의 영성일지표를 만들어 놓고 매일 일지를 쓰고 있다. 가능하면 하루도 빠지지 않고 쓰려고 한다. 말씀 묵상을 하고 나서 간략하게나마 메모를 남기고, 그날 있었던 중요한 일들을 기록한다. 하루 중 있었던 일과 내가 느낀 감정에 대해서도 솔직하게 기록한다.

선교지에 가서도 가능한 한 기록을 빼놓지 않고 하려고 한다. 아이티에 억류되었을 때도 영성일지를 썼다. 당장이라도 총알이 방 안으로 뚫고 날아 들어올 것 같은 느낌이 들 때도 기록을 멈추지 않았다. 대단한 글을 쓰려고 했다면 지속하지 못했을 것이다. 예수님과 동행하는 일상의 기록을 남기고 싶다는 마음에서 시작한 것이라 진솔하게 있는 그대로 쓰면 되니 부담이 없었고, 아이티에서 예상치 못한 상황으로 억류되어 있는 동안에도 평소와 다름없이 기록했다.

일상에서 훈련된 습관의 유익함은 위기 상황에서 드러난다. 영성일지를 쓰는 동안 나는 주님의 임재를 더 깊이 느낄 수 있었다.

사랑의 3중 계명, 실천 계획, 루틴 예시

(사랑의 3중 계명, 실천 계획, 루틴)
240303-240309

(예수님과 동행하는 일상의 기록들)

주일	에스라 3:11, 새번역

그들은 서로 화답하면서 주님을 찬양하고, 감사의 찬송을 불렀다. "주님은 어지시다." "언제나 한결같이 이스라엘을 사랑하신다." 주님의 성전 기초가 놓인 것을 본 온 백성도, 목청껏 소리를 높여서 주님을 찬양하였다.

"주님께 감사와 찬양을 소리 높여 부를 수 있는 복을 주심에 감사드립니다. 성전의 기초가 놓인 것을 보고 목청껏 주님을 찬양하던 백성들처럼, 우리 마음에도 주님의 성전을 세워가시는 그 은혜에 감사와 찬양이 넘쳐야 함에도, 종종 내 마음이 주님을 떠나 다른 것에 머물러 있을 때가 많습니다. 이렇게 무지한 저를 용서하여 주시옵소서."

1. 어젯밤 불을 꺼야 해서 일찍 잠자리에 들 수밖에 없었는데, 덕분에 아침 일찍 창문 너머로 동물들의 합창 소리를 들을 수 있었다. 닭들의 하이 소프라노, 개들의 바리톤, 염소들의 트라이앵글 같은 소리, 간혹 화음을 넣는 총소리, 멀리서 들려오는 낮은 개들의 울음소리까지. 새벽 2시부터 저들이 무슨 이유로 이렇게 화음을 맞추는지 궁금하다. 나 또한 때로는 목적 없이 그저 달려가는 듯한 삶을 살고 있는 건 아닌지 생각하게 된다. 멈출 수 없는 순간이 가끔 괴롭다.

2. 고립된 상태에서 멀리 두고 온 교회와 가족들이 그리워진다. 나는 여기서 아무것도 할 수 없는 상황에서도 비교적 잘 지내고 있지만, 그들은 나를 걱정하며 마음을 졸이고 있을 것 같아 미안함이 든다.

3. 계속해서 들려오는 총소리 속에서 내일 무사히 떠날 수 있을지 막막한 생각이 든다. 하나님께서 이 시간을 내게 허락하신 이유는 무엇일까? 이 시간이 꼭 필요한 공백의 시간일까?

4. 여러 감정이 쌓여 있던 사람들이 오늘 주일 예배 설교를 통해 마음을 많이 내려놓았다고 한다. 쟉 목사님도 통역하면서 은혜를 받았다고 해서 기쁘다. 여러 사람이 함께 지내다 보니 서로 감정이 격해져 말투가 부드럽지 못했는데, 오늘은 분위기가 조금 부드러워져 감사하다.

5. 내일 예약했던 비행기가 취소되어 언제 떠날 수 있을지 모르는 상황이다. 다른 항공사로 내일 예약을 다시 했지만 또 취소되어, 화요일 비행기표를 김용옥 선교사님과

사랑의 3중 계명, 실천 계획, 루틴
240303~240309
(예수님과 동행하는 일상의 기록들)

주일

에스라 3:11, 새번역

그들은 서로 화답하면서 주님을 찬양하고, 감사의 찬송을 불렀다. "주님은 어지시다." "언제나 한결같이 이스라엘을 사랑하신다." 주님의 성전 기초가 놓인 것을 본 온 백성도, 목청껏 소리를 높여서 주님을 찬양하였다.

"주님께 감사와 찬양을 소리 높여 부를 수 있는 복을 주심에 감사드립니다. 성전의 기초가 놓인 것을 보고 목청껏 주님을 찬양하던 백성들처럼, 우리 마음에도 주님의 성전을 세워 가시는 그 은혜에 감사와 찬양이 넘쳐야 함에도, 종종 내 마음이 주님을 떠나 다른 것에 머물러 있을 때가 많습니다. 이렇게 무지한 저를 용서하여 주시옵소서."

1. 어젯밤 불을 꺼야 해서 일찍 잠자리에 들 수밖에 없었는데, 덕분에 아침 일찍 창문 너머로 동물들의 합창 소리를 들을 수 있었다. 닭들의 하이 소프라노, 개들의 바리톤, 염소들의 트라이앵글 같은 소리, 간혹 화음을 넣는 총소리, 멀리서 들려오는 낮은 개들의 울음소리까지. 새벽 2시부터 저들이 무슨 이유로 이렇게 화음을 맞추는지 궁금하다. 나 또한 때로는 목적 없이 그저 달려가는 듯한 삶을 살고 있는 건 아닌지 생각하게 된다. 멈출 수 없는 순간이 가끔 괴롭다.
2. 고립된 상태에서 멀리 두고 온 교회와 가족들이 그리워진다. 나는 여기서 아무것도 할 수 없는 상황에서도 비교적 잘 지내고 있지만, 그들은 나

를 걱정하며 마음을 졸이고 있을 것 같아 미안한 마음이 든다.
3. 계속해서 들려오는 총소리 속에서 내일 무사히 떠날 수 있을지 막막하다. 하나님께서 이 시간을 내게 허락하신 이유는 무엇일까? 이 시간이 꼭 필요한 공백의 시간일까?
4. 여러 감정이 쌓여 있던 사람들이 오늘 주일예배 설교를 통해 마음을 많이 내려놓았다고 한다. 쟉 목사님도 통역하면서 은혜를 받았다고 해서 기쁘다. 여러 사람이 함께 지내다 보니 서로 감정이 격해져 말투가 부드럽지 못했는데, 오늘은 분위기가 조금 부드러워져 감사하다.
5. 내일 예약했던 비행기가 취소되어 언제 떠날 수 있을지 모르는 상황이다. 다른 항공사로 내일 예약을 다시 했지만 또 취소되어, 화요일 비행기표를 김용옥 선교사님과 함께 Sprint(스프린트)로 다시 예약했다. 화요일에는 꼭 갈 수 있기를 바란다. 모두에게 너무 많은 걱정을 끼쳐 미안하다.

자(자기 칭찬)1. 하나님의 말씀은 능력이 있어서 모든 사람에게 평화를 준다. 그 말씀을 내게 전하게 하신 하나님께 감사하다.
자2. 비행기표를 계속 여러모로 끊어 보면서 저녁 시간을 보낼 수 있어서 고맙다.
자3. 교회에 장로님들과 권사님들과 카톡으로 잠깐씩 통화를 하여서 좋았다.

타(타인 칭찬)1. 갱들이 주일날에 총을 쏘지 않아서 예배를 잘 드리게 되어서 감사하다.
타2. 내가 없으니 모든 사람들이 일찍 오고 열심을 내었다고 전해 주어서 수고하셨다고 칭찬.
타3. 내가 없는 동안 멀리 있는 리헵 센터도 단체로 갔다가 왔다고 해서 칭찬.

월요일

에스라 5:12, 새번역

그런데 우리의 조상이 하늘의 하나님을 노엽게 하였으므로, 하나님이 우리의 조상을 갈대아 사람 바빌로니아 왕 느부갓네살의 손에 넘기셨습니다. 그가 이 전을 허물고, 백성을 바빌로니아로 사로잡아 갔습니다.

"지금 나를 괴롭게 하는 진정한 원수는 현재의 사람이나 상황이 아니라 나와 내가 자랑하는 선조들의 죄악이 쌓여 이러한 상황에 이르게 된 것입니다. 내가 무엇을 선택하느냐에 따라, 나의 자손이 세상의 노예로 살지 않고 하나님의 선민으로 살지 결정될 것입니다.
저에게 하나님을 신뢰하는 믿음을 주셔서 마땅히 가야 할 길을 알게 하시고 걷게 하소서."

1. 아침에 일어나니 어젯밤 찾아서 예약해 놓은 비행기가 취소되었다. 다시 예약을 하려고 하니 비행기가 목요일 이전에는 뜨지 않는 모양이다. 목요일과 금요일 두 비행기 회사의 표를 사 놓고 하나님께서 이루어 나가실 다음 날을 기다린다.
2. 새벽에 사무엘상 3장으로 쟈 목사님이 설교를 하셨다. 하나님께서 어린 사무엘에게 말씀하기 시작하셨다. 하나님은 어린아이일지라도 말할 수 있는 사람을 찾으신다. 이야기를 하다가도 자기 말만 하고 남의 말을 듣지 않는 사람은 하나님이 말씀하실지라도 듣지 않고 실천하지 않는다. 그것을 싫어하는 것은 실천할 마음이 없기 때문이다. 하나님의 말씀이 끊어질 수밖에 없다. 말씀하실 때 잘 듣고 따르자.
3. 남편이 걱정하기 시작하였다. 앞으로 아이티로 오는 말씀 사역에 방해가 되지 않도록 남편의 마음이 하나님의 인도하심으로 쉼을 얻기를 구한다.

4. 발가락에 모기와 파리의 집중적인 공격으로 인하여 매우 가렵다. 모기와 파리가 좋아하는 체질이라 그런가 하면서, 사람이 좋아하는 체질이라 사람들이 많이 붙어서 예수 그리스도의 복음 듣기를 사모하는 일들이 생겼으면 한다.

자1. 비행기가 계속 연착이 되어서 예약을 계속 바꾸어야 되어서 머리가 좀 띵하지만, 아직 성질 부리고 싶은 생각이 들지 않으니 칭찬.

자2. 목사로서 매일 훈련을 받아 가는 내가 이런 어려운 나라에 들어와서 갱들과 정치인들의 행패로 며칠 동안 집안에 갇혀 보는 은혜를 입으니 '사도 바울이 복음을 전하다 감금된 것은 옥이었으니 얼마나 어려워울까?' 그래도 흉내를 내는 것처럼 나도 감격해 본다.

자3. 어제는 아이티의 거의 모든 교회가 문을 닫고 예배를 드리지 못했다고 한다. 예배드릴 수 있는 것도 하나님의 크신 베푸심이다. 하나님의 은혜 입은 자가 된 기분이라 상쾌하다.

타1. 아이티에 계신 선교사님들이 거의 다 나가셨지만 아직도 몇 분이 남아서 사역을 하고 있다. 여러 가지 환경적인 조건이 있지만 칭찬한다.

타2. 세선회 월례회에 회장도 없고 부회장도 일본 선교를 나가서 총무에게 인도를 부탁했다. 즉각 당연하게 수락을 하여서 칭찬.

타3. 마당을 쓸고 있는 케빈을 보고 어깨를 두드려 주었는데 깡마른 아이 같으나 근육으로 딴딴하다. 어릴 때부터 다른 사람들의 노예같이 힘들고 무거운 것들을 들어 나르느라 얼마나 고생을 했을까 생각하니 마음이 저리지만, 튼튼해서 좋아 칭찬해 주었다.

화요일

에스라 6:10, 새번역

그래서 그들이, 하늘의 하나님이 기뻐하시는 희생제사를 드리게 하고, 왕과 왕자들이 잘 살 수 있도록 기도하게 하여라.

"하나님께서 나를 성전으로 삼으시고 내가 산 제물로 드려져 산 예배를 드릴 때, 하나님의 임재가 내 삶을 주관하십니다. 주님, 저를 당신 앞에 온전한 성전으로 세워 주소서."

1. 새벽예배 때 사무엘상 4장으로 쟉 목사님이 설교를 하셨다. 하나님의 말씀 자체에 능력이 있어서 그 말씀을 읽고 묵상하는 자가 복이 있다. 언약궤를 잃어버린 이스라엘은 모든 것을 잃어버린 백성이 되었다. 홉니와 비느하스가 망령되게 행하되 엘리 제사장이 견책하지 않으므로 두 아들과 함께 셋 다 죽고 비느하스의 아내도 아들을 낳고 죽고 만다. 그 가족뿐만 아니라 3만 4천 명의 군인들도 죽는다. 지도자 된 한 가정의 아들들의 망령됨으로 온 나라가 망하고 언약궤도 빼앗긴다. "주님, 저의 자녀들을 돌아보셔서 하나님 앞에서 망령된 자가 되지 않고 신실한 일꾼 되게 하셔서 하나님의 나라를 욕되게 하는 가정이 되지 않게 하소서."

2. 바람이 불고 나뭇잎들이 부딪히는 소리들이 시원하게 들려온다. 무덥던 날씨가 조금 건조하여 좋다. 모기와 파리에 많이 물리면 가려워서 모기장 밖으로 나가는 것이 두렵다. 아이티 사람들은 모기와 파리와 공존한다. 나는 식민지 시절에 영국의 숙녀가 인도에 가서 가만히 앉아서 무료한 시간을 보내는 것과 같은 아무것도 할 수 없는 사람이 되었다. 선교사로 나와서 여기 살지 않고 미국에서 목회하고 생활하며 마음껏 다닐 수 있는 일이 꿈과 같이 아름다운 삶임을 깨닫는다. 집에 가면 억울한 생각하지 말고 열심히 섬길 수 있는 기회와 장소 주심을 감사하자.

3. 남편과 아이들과 손녀가 서서히 걱정이 되는가 보다. 문자가 되지 않으니 이메일로 격려의 말과 사진들이 오기 시작한다. 하나님께서 그들의 안일한 삶에서 벗어나 해외에 나가 있는 선교사들과 제3국가들의 어려운 사정을 이해하게 하시려는가 보다 하고 생각하니 감사하다. 가족들이 자기의 일상만 보고 살지 말고 어려운 이웃을 보고 살았으면 하는 마음이 간절하다. 너무 크고 좋은 집과 차와 여행을 생각하지 말고 가진 것을 나누는 사람들로 살았으면 좋겠다.

자1. 새벽에 사무엘상 4장 말씀을 주셔서 감사하다. 말씀을 대수롭지 않게 여긴 이스라엘의 허망한 실패를 보며 말씀을 배운 아이티의 목사님들이 말씀을 열심히 가르쳐서 말씀으로 새롭게 하나님께 사용되는 나라 되기를 기도하게 하심을 감사.
자2. 모기장 안에 갇혀 있지만 누워서 하는 운동을 하여서 칭찬.

타1. 쟉 목사에게 포커스를 두고 말씀은 잘 전하였다고 칭찬.
타2. 강 선교사가 공장에서 어제부터 집에 오지 못하여서 김 선교사가 아침을 준비하여서 야채를 넣고 계란오믈렛을 만들어서 감사하며 잘 먹었다.
타3. 김디모데 목사에게 혹시 내가 이번 주일에 가지 못할 수도 있으니 이번 주일에 설교해 줄 수 있냐고 묻자 그렇게 하겠다고 대답해 주어서 감사.

수요일

에스라 8:31, 새번역

첫째 달 십이일에 우리는 아하와 강을 떠나서, 예루살렘으로 가려고 길을 나섰다. 가는 길에 매복한 자들의 습격을 받기도 하였지만, 하나님이 우리를 잘 보살펴 주셔서 그들의 손에서 벗어날 수 있었다.

"예루살렘을 향해 가던 에스라와 동행들을 매복한 자들의 눈을 피하게 하셔서 보호하신 하나님께서, 아이티에서도 악한 자들의 눈을 멀게 하시고 하나님의 사람들이 이 땅에서 평강을 누리며 살게 하소서. 하나님께서 우리를 보살펴 주셔서 그들의 손에서 벗어나게 하시고 무사히 가족들에게 돌아가게 하여 주소서."

1. 금요일 떠나는 AA 비행기도 취소되고 다시 예약을 하는 것도 용이하지가 않다. 그럼에도 3월 13일 예약이 미루어진 Spirit(스피릿) 비행기표가 아직은 있어서 또 하루를 집안에 갇혀서 시작하지만 희망을 갖는다.
2. "새벽예배에서 쟉 목사님을 통해 사무엘상 5장의 말씀을 들으며 다시금 깨닫게 됩니다. 블레셋이 언약궤를 빼앗아 승리했다고 여길 때, 다곤 신상은 엎드려져 무력해졌고, 블레셋 도시에서 언약궤를 옮길 때마다 독종과 재앙으로 고통을 겪어 결국 언약궤를 돌려줄 수밖에 없었습니다. 하나님은 스스로 존재하시며 완벽하신 분으로, 우리의 도움이 필요하지 않으십니다. 그러나 하나님께서는 부족하고 불완전한 우리를 부르셔서 훈련시키시고, 때로는 책망과 위로를 통해 하나님의 살아 계심을 확인하게 하시며 하나님의 뜻을 이루어 가십니다. 하나님의 열심과 인내, 그리고 사랑에 오직 하나님께 영광의 찬송을 올립니다."
3. 에녹 목사님이 아침에 우리가 걱정이 되어서 새벽부터 위험한 길임에도 오토바이를 타고 먼 길을 오셨다. 김용옥 선교사님께서 사랑하는 제자답

게 자기를 버리고 무엇이든 하려고 하는 마음이 감동스럽다. "공단에 갇혀 있는 강 선교사님을 모시러 다녀오면서 알레르기로 두드러기가 난 곳에 바를 약과 먹을 약과 갑상선 약까지 하 선교사님을 통해서 가지고 오셔서 매일 매일을 살게 하시는 하나님께 감사를 드립니다."

4. 어젯밤 인터넷 연결이 좋지 않아 자주 끊기기도 했지만, 화요일 성경공부 모임을 교우들과 함께하며 서로의 얼굴을 보니 반갑고 기뻤습니다. 저 또한 잘 지내는 모습을 보여주니 눈물이 앞섰습니다. 사랑하는 사람들과 한 몸 되어 교회를 이루는 것이 얼마나 아름다운 일인지 다시 한번 깨달으며 감사드립니다.

5. 저녁에 영어권 성경공부팀과 줌으로 만났다. 모두들 염려해 주셔서 감사하다. 이제 열흘밖에 지나지 않았는데 무척 오래된 것 같다. 한 공동체가 모여서 함께 길을 간다는 것이 예배로 모이고 성경공부 하고 바쁘게 모였다 헤어지는 것 같지만, 서로를 알아 가며 사랑하며 살아가는 하나님의 나라를 경험하며 사는 일 같다.

자1. 걱정할 것을 생각해서 자세한 소식들을 전하지 못하였는데 오늘은 새벽 예배 때 하나님께 눈물로 부르짖으며 기도 제목을 올리니 열심히 기도해 주시는 분들 때문에 감사하고 기쁘다.

자2. 아무 하는 일이 없는 것 같은데 모두들 기도해 주시고 염려해 주시니 감사하다. 이곳에 와서 잠깐의 고난에 참여하는 것에 감사한다.

자3. 손과 발이 많이 붓고 두드러기가 나지만 계속 마사지를 하고 약을 바르고 하면서 잘 견디고 있음이, 할 수 없기도 하지만 또한 내가 짜증내지 않고 지내는 것이 기특하다.

타1. 위험한 가운데 오셔서 또 강 선교사님을 위해 공단까지 가서 모시고 오신 에녹 목사님 칭찬.

타2. 윈프리 목사님이 염려가 되어서 먼 길에도 마 뿌리를 몇 개 사가지고 오셨다. 혈압이 200이 넘는데도 불구하고 무거운 것을 어깨에 메고 더운 길을 걸어오심에 감사를 드린다.

타3. 목성연 공부를 하면서 얼마나 귀하고 아름다운 교제인가를 깨닫는다. 선교지에 나와서 보니 외롭고 힘든 분들에게 오아시스와 같은 생명수 샘이다. 말씀을 아낌없이 나누어 주시고 이끌고 나가시는 박은우 목사님께 감사를 드린다.

목요일

에스라 9:13, 새번역

우리가 당한 일은 모두 우리가 지은 죄와 우리가 저지른 크나큰 잘못 때문입니다. 그렇지만 주 우리의 하나님은, 우리가 지은 죄에 비하여 가벼운 벌을 내리셔서, 우리 백성을 이만큼이나마 살아 남게 하셨습니다.

내가 겪는 일들과 살아 있음은 내가 지은 죄에 비해 가벼운 것임을 깨닫습니다. 자비를 베푸시는 하나님은 긍휼하시며, 그분의 나라는 영원합니다. 내가 이 땅에서 사라진다 해도 하나님의 일은 그 뜻대로 이루어지기에, 오직 하나님의 긍휼로 주님의 일을 생각하게 하심에 감사드립니다.

1. 삼상 6장으로 쟉 목사님이 새벽예배를 인도하셨다. 수레를 메어 보지 않은 암젖소 두 마리가 새 수레에 언약궤를 싣고 울면서 벧세메스를 향하여 간다. 그곳에서 임무를 마치고 수레를 태워 화목 제물 번제로 드려진다. 화목 제물이 된 주님은 죄로 물든 우리를 위해 두 마리 암젖소와 같이 송아지를 생각하며 눈물로 묵묵히 십자가의 길을 가서 죽으셨다. 나는 묵묵히 가지 못하고 속상해서 속으로 괘씸해 하며 별것 아닌 것 가지고도 혼자서 서성거리다가 풀곤 한다. 주님의 씨가 내 속에 심겨졌으면 주님의 형상이 내게서 나오게 하소서. 내가 아직 부인되지 않음을 불쌍히 여기소서. 이스라엘의 언약궤를 부적처럼 들고 다녔던 것처럼 나의 믿음이 하나님을 알지 못하는 믿음이 되지 않게 하소서.

2. 내일 출발할 AA 비행기가 취소되었으나 날짜를 바꿀 수가 없어서 할 수 없이 3월 10일 오후 2시 반 비행기를 9배가 되는 가격으로 다시 사서 예약을 했다. 앞에는 없었던 임시 비행기표가 나온 것 같다. 이렇게 예약을 하고 나니 훨씬 기분이 좋다. 아직 3월 13일 Spirit Air(스피릿 항공) 스케줄도 예약이 되어 있어서 조금 안심이 된다.

3. 사랑의교회 아이들이 점심을 콩스프와 함께 맛있게 준비해 주었다. 매일 아이들이 학교를 안 가기 때문에 점심 식사를 준비하는데 프랑스 요리를 정성껏 해서 자기들도 먹고 우리에게도 준다. 옛날에는 일하는 마담이 있어서 식사 준비를 하셨으나 이제는 아이들이 서로 돌아가며 당번을 하는데, 많이 커서 선교센터 일을 돕는 것을 보니 선교사님께서 수고하셔서 길러 놓은 아이들이 열매로 자라니 얼마나 기쁘랴. 감사하게 된다.
4. 청년들이 밖에 나가지도 못하고 학교도 못 가니 서로 도미노 게임을 하면서 논다. 아무것도 할 수 없는 곳에서 자유를 박탈 당하고 평화롭게 놀고 있는 모습을 보니 아이티 국민들이 온유한 성품이라는 생각이 든다. 우리 주님을 닮은 이 사람들에게 하나님께서 평화를 주시기를 기도한다.
5. 세선회 월례회와 세선학교 개강식을 잘 마치게 되어서 기쁘다. 우리 교회 권사님들과 성도님들이 먼 길을 오가며 이틀씩이나 돕는 것을 생각하니 감사하고 보고 싶다.
6. 쟉 목사님은 오늘 오후에 성도들을 어린아이부터 어른들까지 모아서 출애굽기 강의를 하셨다. 자꾸 하다 보니 재미가 나는 것 같다. 날마다 성령 충만하여 성도들에게 말씀을 전하는 복된 자가 되기를 기도한다.

자1. 하나님께서 빼앗긴 언약궤가 돌아오는 과정을 말씀하심으로 아이티도 온 국민이 힘을 모아 기도하고 교회들이 마음을 합하여 하나님께 부르짖고 바른 길을 가는 문화를 젊은 세대가 만들기를 기도하며 새로운 시작이 이 어려운 시기를 통하여 일어나기를 소원한다.
자2. 비행기값이 비싸지만 빨리 떠날 수 있는 표를 사게 되어서 너무나 감사하다.

타1. 어제는 쟉 목사님이 큰 파파야를 나에게 먹으라고 선물로 사오셨다. 생전 처음 있는 일이라고 선교사님이 말씀하신다. 하나님을 섬기며 눌린 마음에 하나님의 위로하심이 함께 하시기를 바라며 감사드린다.

금요일

사무엘상 7:6, 새번역

그들은 미스바에 모여서 물을 길어다가, 그것을 제물로 삼아 주님 앞에 쏟아붓고, 그날 종일 금식하였다. 그리고 거기에서 "우리가 주님을 거역하여 죄를 지었습니다!" 하고 고백하였다. 미스바는, 사무엘이 이스라엘 자손 사이의 다툼을 중재하던 곳이다.

아이티 성도들이 일어나 회개하고 우상을 떠나고 금식하고 울며 기도할 때이다. 내가 이곳에 있는 것도 그 기도의 불을 시작하게 한 것인지 모른다.

1. 새벽에 사무엘상 7장 말씀을 통하여 강하게 역사하시는 하나님께서 아이티 땅에 원하시는 것이 무엇인지 생각하게 된다. 학교도 다 쉬고 모든 것이 문을 닫았는데 기독교 청년들이 숨어서 게임하고, 교회 내에서 먹고 자는 자들도 나라가 망해 가고 있는데 새벽예배에 나와서 기도하지 않는다. 쟉 목사님에게 오늘부터 교회 내의 청년들을 불러내어 한 명이 올지라도 나라를 위해 기도하고, 저녁에는 성도들을 모아놓고 나라를 위해 기도하기를 힘쓰라고 말했다.

2. 스피릿 비행기가 3월 13일인데 취소되었고 바꿀 비행기 스케줄도 없어서 낙담하고 있었는데 김 선교사님의 남편이 내일 비행기표가 2개 남았으니 빨리 예약을 하라고 하셔서, 느린 인터넷으로 발을 동동 구르면서 비행기표 하나를 구입했다. 김 선교사님은 하려고 했지만 내가 비행기표 사는 사이에 모두 다 나가서 못 사고 3월 12일 예정대로 나오기로 했다. 비행기표를 새로 구입하지 않고 12일 것을 바꾸려고 선교사님 남편이 애써봤지만 안 된 것 같다. 그래서 주일 비행기표는 취소하고 내일 비행기표 체크인과 표도 받아서 한결 마음이 놓이긴 하지만 내일 가 봐야 알 것 같다. 아마 미국 대사관 직원들과 공무원들을 위해서 내일 스케줄에 없던

비행기가 준비되지 않았나 하는 생각이 든다. 이제 더 이상 바라지 않고 내일 비행기 스케줄을 하나님께서 보호해 주실 것을 의뢰한다.
3. 어젯밤에는 밤 2시까지 총소리가 요란했다고 한다. 나는 듣지 못하고 그냥 잤다. 새벽 4시에 일어나서 5시 예배 갈 준비를 하면서 목놓아 우는 수탉 소리만 이 나라를 걱정하며 전깃불 한 점 없는 나라의 새벽을 찢어 놓았다. 한없이 울며 통곡하고 기도해야 할 아이티 사람은 없고 선교사님 두 분과 나와 말씀 전하는 쟉 목사님만 울었다.
4. 페르난도는 22살 먹은 수줍어하는 컴퓨터 하드웨어 고치는 일을 하기 위해 공부하는 남자 청년이다. 페르난도에게 사무엘상 7장 6절을 주면서 이곳에 기도하는 청년이 없으면 네가 아이티의 청년들에게 앞장서서 기도하는 기도대장 용사가 되었으면 좋겠다고 이야기하였더니 그렇게 하겠다고 순순히 대답하며 눈물을 흘린다. 페르난도가 잘 참고 열심히 기도의 열정을 청년들과 함께 일으켜 주기를 간절한 마음으로 기도한다.
5. 아래층에는 쟉 목사님이 금요예배를 준비하면서 7시에 예배가 시작되는 것 같은데 4시가 넘어서부터 청년들의 찬양 소리가 드높아서 감사하다. 하나님께서 청년들의 찬양과 기도를 통해서 아이티를 일으켜 주시기를 간절히 바란다.

자1. 새벽에 4시가 되면 눈이 떠지고 새벽예배에 가는 기쁨을 누리게 되어서 감사하다.
자2. 페르난도가 기도팀 대장이 되어 주겠다고 약속해서 정말 요청하길 잘했다고 생각한다.

타1. 청년들 중에 캐빈만 일어나 새벽에 개들이 어지럽게 쓰레기를 흩뜨려 놓은 것과 개똥과 나뭇잎들이 있는 마당을 쓸기 위해 나와서, 그래도 네가 제일 기특하다고 칭찬.

타2. 페르난도가 무엇인가 하고 싶었는데 뒤로 밀쳐지는 느낌을 가졌지 않았나 생각이 든다. 용기있게 해 보겠다고 해서 칭찬.

타3. 쟉 목사님에게 사무엘상 7장 영적 각성에 대해서 새벽에 설교해 주셔서 고맙다고 전하고 이제 목사님이 청년들을 영적 각성으로 인도하시기를 바란다고, 이 나라를 살리는 용기 있는 목사, 리더가 되기를 바란다고 격려.

토요일

느헤미야 8:9, 새번역

백성은 율법의 말씀을 들으면서, 모두 울었다. 그래서 총독 느헤미야와 학자 에스라 제사장과 백성을 가르치는 레위 사람들이 이날은 주 하나님의 거룩한 날이니, 슬퍼하지도 말고 울지도 말라고 모든 백성을 타일렀다.

느헤미야와 에스라와 레위 사람들이 함께 말씀을 낭독하고 해석하고 가르치면서 하나님의 말씀을 깨닫고 하나님께로 마음을 돌리게 하는 일에 힘쓴 사람들은 그들을 꾸짖지 않고 위로하고 격려한다.
나도 느헤미야와 동역자들과 같이 위로하는 사람이 되었으면 합니다. 나를 가르치시고, 깨닫게 하시고, 위로하시는 하나님을 찬양합니다.

1. 어젯밤에 오늘 미국으로 가는 비행기가 취소되었고 언제 떠나게 될지 앞으로 2주 후에나 비행기 스케줄이 나온다고 한다. 내일 집으로 간다고 기뻐하고 들떠 있었던 마음에 아찔한 생각이 든다. 내 몸이 그때까지 견뎌 주기를 바라며 슬퍼하지도 말고 울지도 말라고 하시는 말씀을 보며 웃음이 난다. 나는 조그마한 일에도 쉽게 낙심하고 기뻐한다. '나보다 더 크신 하나님의 계획을 믿고 기다리며 하루에 충실하자' 마음을 먹는다.
2. 내가 청년들에게 기도하자고 격려하고 여러 청년들을 권면할 때, 그들이 순전한 마음으로 자기들도 기도하고 있다 말한다. 드러내지는 않지만 청년들이 힘써 기도한다고 하니 감사한 일이다. 그들에게 낙심 않고 지속적으로 믿음을 가지고 기도로써 하나님이 하시는 일을 보기를 소원한다.
3. 어젯밤에는 교인들과 줌으로 화상 통화를 하고 또 가족들과 시간을 함께 가졌다. 한국에서 언니와 형부도 들어오셔서 걱정스러운 눈으로 바라보신다. 이 기회가 우리 모두에게 주님이 일하시는 것을 보는 기회가 되어서 모두의 믿음이 확고하게 서게 되기를 바란다.

4. 어젯밤에는 총소리가 유난히 가깝게 들렸다. 대포를 쏘는지 보지는 못하지만 통행 금지가 6시부터라 아무도 다니지 않는 밤중에 오랜 시간 울렸다. 그래서 오늘 아침에 빵빵거리는 차 소리가 반갑다. 지난 2주간은 차 소리를 잘 듣지 못했는데 오늘은 경적을 울리는 소리가 창밖에서 들리니 새로운 활기가 생기는 것 같다.

자1. 얼마나 갈지 모르지만 생각을 추스르고 아침 일찍 일어나 일상을 맞기 위해 준비한다. 토요일에는 새벽예배가 없어서 조금 느슨해진 기분이지만 썩 나쁘지는 않아서 내가 나를 칭찬한다.

자2. 발의 장단지까지 탱탱하게 부어서 어젯밤에는 걱정했는데 아침에 일어나니 장단지는 다시 몰랑몰랑해져서 밤새 수고해 준 내 몸에게 칭찬을 한다. 오늘은 설교 준비를 하면서 반나절은 누워서 발을 슛케이스에 올려놓고 있어서 발에 붓기도 반쯤 빠져서 행복하다.

자3. 어젯밤 늦은 시간까지 주일예배 준비와 김 목사의 설교 번역까지 끝내고 주보와 ppt를 이메일로 보내서 밤 늦게까지 잘 마쳐서 칭찬을 한다.

타1. 라이스 목사님께서 계속 기도문도 매일 잘 올려 주시고 성경공부 피드백도 훌륭하게 한 분 한 분에게 2주간 동안 잘해 주셔서 감사하다. 앞으로 얼마나 될지 모르지만 목사님께서 잘 맡아 주실 것을 생각하니 감사하다.

타2. 김 목사님도 어제 설교 ppt를 보내 주셔서 미리 잘 준비하여 주셔서 감사하다.

타3. 가족들이 잘 버텨 주어서 감사하다. 오늘도 너무 염려하지 않고 자기들의 일을 잘해 나가는 그들이 되기를 바란다. 가족들에게 자기 발전을 위해서 충실히 매일을 살고 있으니 잘했다고 칭찬하면서 미래의 나를 성장시키는 일에 힘쓰라고 격려했더니 좋아했다.

사랑의 3중 계명, 실천 계획, 루틴
240310~240316

주일

느헤미야 13:26, 새번역

이스라엘 왕 솔로몬이 죄를 지은 것도, 바로 이방 여자와 결혼한 일이 아니오? 어느 민족에도 그만한 왕이 없었소. 그는 하나님의 사랑을 한 몸에 받았으며, 하나님은 그를 온 이스라엘의 왕으로 삼으셨소. 그러나 그마저 죄를 짓게 된 것은 이방 아내들 때문이오.

평안하고 크다고 생각할 때 오는 방심은 죄를 짓게 만들고 그것이 죄인 줄조차 모르게 한다. 미국에서 누린 평안과 예배가 하나님의 특별한 은총이었음을 깨달으며 오늘 아이티에서 총소리 가운데 드리게 될 예배가 다시금 감동이다.

1. 서머타임이 시작되었으나 아이티에는 오늘 주일만 한 시간을 그대로 하고 내일부터 서머타임을 지킨다고 한다. 이 나라 사람들의 적성에 맞게 잘 조절한 것 같다. 아이티 사람들은 성격들이 온유하고 나서지 않고 피동적이다. 이제 예수 그리스도 안에서 하나님의 말씀을 지키는 데 적극적이고 흔들리지 않는 믿음으로 자기 나라를 지켜나가는 사람들이 되었으면 좋겠다.

2. 예배 때 쟉 목사님은 미스바의 영적 각성과 부흥, 나는 수문 앞에서의 영적 각성과 부흥에 대해서 설교를 했다. 의논한 것은 아니지만 이 나라에 필유한 말씀을 하나님께서 주신 것으로 생각하며 감사드린다. 깨어서 기도하고 말씀으로 무장하여 이 나라 청년들이 전도하고 함께 이 나라를 되찾기를 소원한다.

3. A가 내 발이 많이 부어서 왔을 때부터 마사지를 해주겠다고 하였는데

2주가 훌쩍 지나갔다. 오늘은 꼭 해주겠다고 한다. 오늘 주일 말씀에 은혜 받은 것 같다. 이 청년이 어렸을 때 도둑질을 많이 해서 도둑놈 딱지가 항상 붙어 다닌다. 오늘 설교 말씀 가운데 하나님의 백성은 회개하고 속건제를 드리면 옛날 일을 하나님이 기억하지 않으신다는 내용이 나왔다. 그래서 우리도 기억하지 않아야 한다고 했을 때 큰 용기가 생긴 것 같다. 사랑은 옛날 일을 생각지 않는다고 했다. 하나님도 잊어버린 일을 내가 기억하고 계속 이야기하는 것은 말로는 용서하고 사랑한다고 하지만 사랑하지 않고 거짓말하는 자와 같다고 하자 매번 그 아이를 도둑이라고 하는 사람도 이제는 잊어버리고 새로운 시작을 꿈꾸는 것 같아 감사했다.

4. 창문 밖에 나무가 바람에 몸부림을 친다. 때를 따라 더운 지방에 비를 주시고 바람을 주시는 하나님께 감사를 드린다.

5. 오늘 아침 기도하면서 하나님께서 내가 하는 일에 기뻐하지 않으시는 일이 무엇일까 생각하다가, 어쩌면 모든 일이 그곳을 향하는 것인지 모르겠다라는 생각이 들었다. 4월 초에 산티아고 순례의 길을 2주간 가려고 작년에 예약을 한 일이었다. 깜짝 놀라서 얼른 그곳에 이메일을 보내서 취소해 달라고 했다. 그리고 나니 마음에 평정을 찾았다. 목회한 지 19년째 접어들면서 직장에 다니면서 목회를 하였고, 7년 전에 직장을 그만두고부터 더 바쁘게 달려왔다. 번아웃(Burn out)되는 것 같은 생각이 들었다. 그래서 2주간 순례의 길을 혼자 가서 정신적으로 쉼을 누리고 싶었다. 그래야 지속할 수 있을 것 같아서였다.

자1. 스페인 산티아고 순례길을 포기하길 잘했다고 칭찬. 여러가지 일이 겹쳐 생기니 차근차근 자신을 돌아볼 수 있는 기회가 되었다. 하나님께서 아이티에서 산티아고 순례길을 지나게 하시는 것 같다. 주님의 은혜는 크다.

자2. 오늘은 두 시간 동안 통역과 함께 설교를 한 것 같다. 성령의 인도하심으로 교회에 필요한 말씀들을 드리게 되었고 성령을 의지하여 담대히 말씀을 전하여서 기특하다.

자3. 가지고 온 돈을 모두 선교사님께 드려서 돈이 없어서 오늘 말씀대로 가난한 자를 돕기 위해 김 선교사님에게 돈을 꾸어서 교회 밖의 사람들에게 쌀을 나누어 달라고 외상으로 구제를 하여서 아이디어가 기발해 칭찬.

타1. 김 선교사님이 오늘 설교를 듣고 신이 나셔서 사역자들을 불러 놓고 영적 각성과 부흥을 외치며 기뻐한다. 하나님께서 이렇게 목사님을 붙들어 놓은 깃이 그것 때문인 것 같다고 좋아하시니 감사하다.

타2. 친구 목사님과 통화를 하면서 염려와 위로를 받고 감사.

타3. 작 목사님에게 두 번씩이나 드리는 주일예배에 통역까지 수고가 많으심에 감사.

월요일

에스더 2:21, 새번역

모르드개가 대궐 문에서 근무하고 있을 때에, 문을 지키는 왕의 두 내시 빅단과 데레스가 원한을 품고 아하수에로 왕을 죽이려는 음모를 꾸몄다.

왕을 지켜야 하는 두 내시는 왜 원한을 품고 왕을 죽이려고 했을까? 가장 가까이 왕을 섬기는 일만 하는 내시들도 사람이라 원한을 품을 수 있다. 왕은 그들이 원한 품기를 원해서 한 일은 아니었지만 결국 암살 당할 뻔했고, 또 그들도 모르드개에게 들켜서 죽임을 당했다. 나의 왕 되신 하나님은 나를 죽이려고 아이티에 남게 하신 것이 아니다. 그분의 공의가 실현되기 위해 이 땅을 다스리시고 나는 그분과 함께 아이티에서 일하는 사람이 되었다.

1. 쟉 목사님이 인도하시는 5시 새벽예배에 사무엘상 8장으로 은혜를 받았다. 7절에 하나님께서 사무엘에게 '이 백성들이 너를 버린 것이 아니고 나를 버려 자기들의 왕이 되지 못하게 함이라' 하셨다. 나의 욕망과 나의 결심은 결국 나의 욕심 때문에 하나님을 나의 왕이 되지 못하게 하는 어처구니 없는 말도 안 되는 결과를 낳게 하여 사망에 이르게 하고 그 과정은 절망적이 되고 마는 것이다. "주님을 왕으로 모시는 일을 버리는 자가 되지 않게 하소서."
2. 혈압약을 열흘간 먹지 않았다. 어제, 그제 재었더니 144/70, 141/68이어서 그렇게 올라가지 않아서 안심이었다. 오늘은 강 선교사님이 자기가 먹는 약이 많이 남았다고 주셔서, 약을 먹기 전에 혈압을 재니 133/67이다. 약을 안 먹어도 내려주시는 하나님께 감사하며, 약을 먹지 않고 기다리기로 했다. 내일은 어떻게 될지 궁금하다. 하나님께서 아이티에서 남아서 치료받게 하기 위해서인가라는 생각도 해본다.
3. 쥬댄이 아이티 방식으로 커피를 끓이고 있다. 쥬댄은 24세 간호대학생이

다. 하는 것도 이쁘고 키도 훤칠하고 아름다운 처녀이다. 자기가 영어를 배우기를 원하기 때문에 한국말을 알아도 영어로 대화하기를 즐거워한다. 아이티 방식은 커피를 보자기에 넣고 거기에 주전자의 뜨거운 물을 부어서 drip(드립) 커피를 만드는 것이다. 많은 양을 만들 때 사용하는 방법이다. 아이티 특유의 커피라고 해서 음미를 해보니 화산재 탄 맛이 강하게 냄새와 향으로 나지만 혓바닥에 남은 뒷맛은 신맛, 쓴맛, 단맛이 어우러져 있어서 깨끗하고 상쾌한 느낌을 준다. 정다운, 끈끈하면서도 분명한 사람들의 특성을 반영해 주는 듯하다.

4. 강 선교사님이 일을 갔다. 일하는 직원들이 나왔다고 연락이 와서 간다고 한다. 사장이 안 계시고 자기가 총책임을 맡고 있으니 안 갈 수가 없다. 거기에 묶여서 집에 돌아오지 못할까 봐 일찍 집에 오겠다고 한다. 성실하게 일하고 싶어하는 모습이 장하다. 하나님께서 여기까지 선교사로 보내셨어도 스스로 아이들 학비를 벌기 위해서 일하고 있는 것이다.

5. 이곳에서 어린아이 때부터 자란 엔젤로가 왔기에 예배 중에 찬양 사역이 얼마나 중요하며 찬양 후에 기도 인도도 잘해서 훌륭하다고 격려하면서, 찬양 사역을 하는데 중요한 것이 무엇인가를 잠시 동안 나누었다. 앞으로 신학을 하고 훌륭한 사역자가 되어서 주님이 아름답게 쓰시는 종이 되기를 바란다.

6. 청년들과 기도 시간을 정하기 위해서 시간을 맞추다가 오후 6시가 넘어서 시작하게 되었다. 사무엘상 8장 7절 말씀을 나누었다. 하나님이 아이티를 버린 것이 아니라, 아이티가 하나님을 왕 삼기를 버린 것이다. 세상 나라들에게 원조를 받고 다른 나라들을 왕 삼은 것이다. 그 결과 나라를 잃고 갱들이 통치하는 나라가 된 것이다. 적은 숫자가 모였지만 내일 다시 모이기로 약속하고 하나님께서 이 나라의 지도자를 세우시기를 기도하였다.

자1. 쥬댄과 이런저런 이야기를 나누면서 조금 마음을 터놓게 되어서 일부러 아침에 그들이 쓰는 부엌을 방문하게 된 것에 대해 칭찬을 한다.

자2. 엔젤로와 예배와 찬양에 대해서 대화를 나눌 수 있었는데 그에게 도움이 되었으면 좋겠다. 그러한 기회를 놓치지 않고 사용한 데 대해서 칭찬을 한다.

자3. 캐빈이 몇 안 되는 청년들 가운데 말씀도 잘 모르지만 기도하러 와서 고맙다고 칭찬한 나를 칭찬한다.

타1. 고아원에서 함께 자란 누나들이 남자 동생들을 위해 수고해 주어서 고맙다고 칭찬.

타2. 몇 안 되는 청년들이 기도하러 모였지만 말씀도 잘 모르는 캐빈이 와서 칭찬.

타3. 전기가 들어오지 않고 음향 시스템이 없는 상태로 디젤을 사기가 힘든 상황에서 발전기를 켜지 않고 저녁에 청년들 기도회를 하는 동안 엔젤로가 피아노를 쳐 주어서 칭찬.

화요일

에스더 10:3, 새번역

유다 사람 모르드개는 아하수에로 왕 다음으로 실권이 있었다. 그는 유다 사람들 사이에서 존경을 받았다. 특히 자기 백성이 잘 되도록 꾀하였고, 유다 사람들이 안전하게 살도록 애썼으므로, 같은 겨레인 유다 사람은 모두 그를 좋아하였다.

온 유대인들이 죽게 되었지만 모르드개를 통해서 에스더가 훈련받게 하시고 에스더를 왕궁에 보내어 사랑받게 하셔서 그 민족을 구원하신 하나님, 아이티에도 하나님의 말씀대로 사는 사람들을 세우셔서 상실한 나라를 세우게 하소서.

7. 김 선교사님이 이번 주간은 아이티를 위해서 새벽예배와 저녁기도회를 하고 다음 주간에는 아이티 목사님들을 위해서 세미나를 다시 하기를 요청한다. 이 나라의 교회와 목사님들이 이 나라를 위해 기도하게 하시기 위해서 준비하신 일인지 모르겠다. 하나님의 선하신 인도하심이 있음을 안다.
8. 어젯밤은 총소리가 들리지 않았고 아침도 잠잠하다. 어젯밤의 뉴스를 보고 모두들 다음에 일어날 일들을 기다리고 있는 것 같다. "이 나라 백성들이 주님을 바라보게 하소서."
9. "사무엘상 9장 16절에서 사울을 왕으로 세울 때에 하나님께서 나의 백성이 살려 달라고 울부짖는 소리를 듣고 응답하셔서 그들에게 왕을 주셔서 블레셋에서 구원하신 하나님, 아이티 백성들의 살려 달라고 울부짖는 소리를 듣고 싶어하시는 하나님, 이 나라 백성들을 위해 새벽에 외국인들이 아이티에 와서 울부짖습니다. 이 나라의 청년들을 깨워 주소서."
10. 아수라장이 난 나라에서 이 집에 있는 22살 난 다비드라는 청년이 옆집에서 바나나와 닭날개를 튀겨서 팔겠다고 열심히 아래, 위를 오르내린다. 다비드는 직장이 없어서 브로크 벽돌을 찍었는데 임금을 주지 않아서 그만두었다고 합니다. 아주 멋있게 생기고 찬양 인도도 잘하는 청년인

데, 어려운 와중에도 무엇인가를 하려고 하는 것이 아무 일도 하지 않고 노는 아이들보다 두드러지게 보여서 이 청년은 나중에 훌륭한 어른이 될 거라고 선교사님을 위로해 봅니다.
11. 기도회에서 사무엘상 9장 16절 말씀으로 기도했다. 아이티가 부르짖을 때 하나님이 들으시고 응답하셔서 아이티에 평화를 주시고 공의로운 지도자를 세워 주실 것을 합심해서 기도하니 마음이 놓인다. 내가 있는 동안에 매일 함께 기도하고 하나님의 기적을 맛보는 기도자들이 되기를 소원합니다.
12. 기도회로 비전침례교회의 성경공부가 한 시간 미루어졌다. 보고 싶은 교우들과 교제하며 말씀 가운데 열심을 내어서 아름다운 교회를 세워나가는 그들이 되기를 바란다.

자1. 지난 주에는 줌으로 교인들 얼굴만 봤지만 오늘은 성경공부를 하려고 준비하면서 감사하고 기특하다는 생각이 들었다.
자2. 모기장 안에서 사니까 할 수 있는 일이 공부밖에 없다. 어제는 컴퓨터 안에 있는 목성연의 파일을 정리해서 잘 찾을 수 있게 되어서 칭찬한다.
자3. 김 선교사님이, 나가고 싶으면 차가 들어오면 잠시 나가도 좋다고 한다. 나는 모기장 안에서 혼자 있어도 조금도 불편하지 않으니 걱정 말라고 했다. 생각해 보니 나가지 않아도 별로 답답한 생각이 안 들어서 기특하다.

타1. 강 선교사님이 청춘을 바쳐 아이티를 지켜 온 충성스러움을 축복하사 한국에 있는 아들과 미국에 있는 딸에게 복을 주시고 돕는 자들을 붙여 주셔서 주 안에서 형통하는 복 주기를 기도함.
타2. 지난 주일예배 때 많은 사진과 비디오를 찍어서 올려 주시는 자매님을 나는 사진 작가라고 부른다. 오늘도 주일날 찍은 사진을 보면서 이 자매님에게 감사.
타3. 내가 아이티에 있어서 걱정하는 남편을 위해 교인들이 스케줄을 만들어서 매일 식사 대접을 한다고 식사 당번 스케줄을 보내 왔다. 나는 해준 것도 없는데 이런 과분한 사랑을 받으니 앞으로 잘해야겠다. 모두에게 감사.

수요일

욥기 2:3, 새번역

주님께서 사탄에게 말씀하셨다. "너는 내 종 욥을 잘 살펴 보았느냐? 이 세상에 그 사람만큼 흠이 없고 정직한 사람, 그렇게 하나님을 경외하고 악을 멀리하는 사람이 없다. 네가 나를 부추겨서, 공연히 그를 해치려고 하였지만, 그는 여전히 자기의 온전함을 굳게 지키고 있지 않느냐?"

하나님께서 인정하시는 사람은 매사에 조심하는 사람이다. 아무리 하나님의 축복을 입었어도 스스로 방심하면 넘어지고 교만이 앞선다. 어리석은 나는 정말 조심하자.

1. 새벽에 삼상 10장으로 말씀을 작 목사님이 나누었다. 마지막 25-26절의 말씀을 나누지는 않았지만 오늘날 아이티에 꼭 필요한 말씀인 것 같다. 하나님의 마음에 감동한 자들은 하나님이 하시는 일에 감사하며 하나님이 세우신 자를 따랐고, 비주류의 사람들은 멸시하여 예물을 드리지 않았다. 아이티에 하나님의 마음에 감동 받은 자들이 새로 시작하는 지도자를 하나님의 방법으로 섬기며 조화를 이루어 공의를 이루는 나라가 되기를 기도합니다.

2. 아이티에 새로운 지도자를 세우기 위해 우방 국가들이 힘쓰고 있다. 스스로 나라를 세워 나가지도 못하면서 우방 국가들이 도와서 평정을 찾아주겠다고 하여도, 이 나라 사람들은 갱들의 횡포에 시달리면서도, 평정을 찾아 투표할 수 있는 기회를 기다리지 못하고 무조건 반대하고 나선다. 아마 여러 나라들의 지배를 받으며 어려웠던 일들 때문일 것이다. 하나님의 마음은 어떠하실지 마음이 편치 않다.

3. 목성연 모임에 참석할 수 있어서 기쁘다. 선교사님들의 삶이 어려움에도 불구하고 각자의 자리에서 하나님을 바라보며 하나님의 일을 해 나가고

계신 선교사님들이 너무나 훌륭하고 감사하다. 모두들 힘들고 가난한 곳에서 자기를 나누는 삶을 사는 분들에게 분명 하나님은 큰 유업을 주실 것이다.

4. 저녁 기도 시간에 하나님의 성령의 감동으로 아이티를 불쌍히 여겨 달라고 간절히 부르짖게 되었다. 하나님께서 이 나라를 긍휼히 여기사 공의를 이루는 리더를 선정해 주시고 사무엘상 10장 26절 말씀과 같이 하나님의 성령에 감동된 기도하는 자들을 일으켜 주셔서 새로운 리더를 돕고 따르게 해주시기를 간절히 기도드렸다.

자1. 조급하게 굴지 않고 공감하며 위로하며 기다리면 하나님께서 역사하실 것을 믿는다. 손바닥만 한 구름을 기뻐한 엘리야처럼 작은 변화에도 기뻐하며 소망을 주시는 하나님께 감사하며, 믿음 주시는 분을 찬양합니다.
자2. 13일간 혈압약을 먹지 않았는데 혈압이 132/62로 나와서 감사를 드리며, 혈압 올리지 않고 사는 내가 기특하다.
자3. 기운이 없고 기도할 힘도 없을 것 같았으나 하나님께서 새 힘을 주셔서 부르짖게 해주심에 용기를 내어 힘차게 기도하게 하심에 감사.

타1. 말씀을 잘 가르치고 한 사람 한 사람을 배려하고 보살피듯 미팅을 이어가시는 조 목사님의 따뜻한 마음이 전해져서 마음이 뭉클하다.
타2. 새벽에, 저녁에 기도 모임을 인도하시고 성경 읽기를 비롯하여 하루 종일 바쁘게 움직이는 쟉 목사님 칭찬.
타3. *Counterfeit Gods*(팀 켈러의 《내가 만든 신》) 서론을 잘 요약해서 인도해 주신 라이스 목사님과 사모님에게 칭찬. 앞으로 준비한 재료들이 라이스 목사님이 알고 계신 다른 교회 목사님들과 교인들에게도 유용하게 사용하시라고 권유.

목요일

욥기 5:15-16, 새번역

그러나 하나님은 가난한 사람들을 그들의 칼날 같은 입과 억센 손아귀로부터 구출하신다. 그러니까, 비천한 사람은 희망을 가지지만, 불의한 사람은 스스로 입을 다물 수밖에 없다.

"배우고, 총을 가지고, 권력을 가지고 부자라고 억압하는 자들의 손에서 아이티의 가난하고 무지한 자들을 구원하소서. 비천한 사람들을 돌아보시고 하나님의 총명으로 깨어나게 하소서."

1. 새벽에 하나님께서 하늘 문을 여시고 아이티의 총격 앞에서 갱들의 총 앞에서, 경찰의 총 앞에서, 군인들의 탱크 앞에서 죽어가는, 가난하고 헐벗고 굶주리고 대변해 줄 사람이 없는 사람들을 돌아보시기를 구합니다. 이웃 나라들도 남의 나라에 들어와서 마음대로 하지 못하는 상황이지만, 만군의 여호와, 만왕의 왕이신 하나님께서 하시는 일을 누가 막으리요? 하늘 문을 여시고 주의 군사들을 보내게 하소서. 주의 말씀을 붙들고 일어나서 사울을 도와 암몬을 물리친 이스라엘같이 이 나라 청년들이 잠에서 깨어나게 하소서. 숨어서 두려워하는 곳에서 부르짖게 하소서. 낙심된 영혼들을 도우소서.

2. 우리 교회가 조금씩 후원하는, 17년 동안 남의 노예로 전전하다가 18살에 중학교에 입학한 청년이 있다. 선교센터에서 편하게 먹고 지내면서 쪼그마하던 아이가 키가 나보다 더 커졌다. 열심히 공부해서 따라가야 할 아이가 매일 밤낮으로 나가서 노는 데 바쁘다. 학교도 문을 닫아서 이제 완전히 놀기에 바빠서 예배 시간도 모른다. 아침에 불러놓고 앞으로는 밖에 나가서 돌아다니지 말고 공부하기에 힘쓰라고 훈계했다. 그러지 않고 밤낮으로 옛날처럼 밖에서 하던 짓을 되풀이할 것 같으면 더 이상 나와

상관없다고 단호히 꾸짖었다. "하나님께서 이 아이의 마음을 새롭게 하여 주셔서 하나님의 사람으로 일어나게 하소서."

3. 어젯밤에는 제리 형제님께서 비상시에 헬리콥터를 플로리다에서 보내 줄 테니 연락을 해 달라고 한다. 아직은 집안에 있어서 그런지 신변이 위험하지는 않다고 했다. 그러나 그렇게 해 주겠다고 염려해 주는 형제님이 있어서 행복하다.

4. 아이티를 위해서 기도하면서 나는 어떻게 해서라도 떠나겠지만, 앞뒤를 분별하지 못하는 어린 사람들과 약자들을 여기에 두고 가야 하니 마음이 탄다. 속히 이 나라에 평화가 오기를 기도한다. 공의를 힘써 지키기를 사모하는 리더가 세워지기를 소원한다. 하나님께서 도우시지 않으면 절대 이루어질 수 없는 일이다. 그러한 사람을, 욕망의 사람들이 그대로 두지 않는다. "하나님의 선하고 강하신 손길이 악인들 팔다리에 힘이 빠지게 하시고, 허리가 꺾어지게 하시고, 거짓말하는 입들이 닫히게 하시고, 이 나라를 사랑하고 국민을 불쌍히 여기는 사람들을 세워 주소서."

5. 2주간을 모기장 안에서 살았더니 입술이 터지고 온몸이 녹아나는 듯하여서 오늘은 모기장 안에서 살지 않고 밖에서 좀 견뎌 보기로 작정하고, 덥고 찐득한 나라에서 두꺼운 청바지에 긴 소매 옷을 입고 바깥이 보이는 테이블에 앉아서 묵상과 공부를 하는데 목을 모기가 공격한다. "주님, 이 모기, 파리 떼로부터 보호하소서." 마른 박넝쿨로 인해 불평하는 요나 생각이 난다.

6. 저녁 기도 시간에는 초등학생들이 처음 보는 아이들이라고 하면서 열 명 가까이 왔다. 청년들이 깨어 기도하지 않으니 아이들을 보내셨는지, 악을 쓰며 기도문을 따라하고 찬양을 하는 아이들이 사랑스럽다. 캐빈도 내게 눈도장 찍기 위해 자기가 참석했노라고 악수까지 하고 교회 문 닫는 것까지 도와주며 갔다. 역시 청년들을 견책하지 않으면 미워함이라고 하신 시편 말씀이 옳다.

자1. 좀 힘들고 어려운 일이지만 캐빈을 강하게 야단쳤더니 지금 집안에서 여러가지 일을 돕는다고 분주히 왔다 갔다 한다. 야단치기 잘했다고 칭찬. 앞으로 이 아이가 계속해서 경성해 주기를 바란다.

자2. 여기에서 더 머무른 지 2주가 지났다. 조금씩 적응해 주는 나의 몸에 대해 고마움을 느낀다. 너무나 힘들다고 느끼는 순간 조금씩 적응해 가는 것을 또한 느낀다. 오늘 저녁에는 세수를 하고 나니까 얼굴에 붓기가 완전 빠진 것 같아서 행복하다.

자3. 제리 형제님의 부인 쥬디의 진찰 날짜를 기억하고 이메일을 보내었더니 좋은 결과를 얻었다고 해서 연락하기를 잘했다고 칭찬한다.

타1. 오늘도 일을 나가는 강 선교사님께 책임감을 가지고 사는 일은 힘든 일이라고 격려.

타2. 심 권사님과 김 사모님과 통화를 하면서 말 듣지 않고 고집 부리고 어린애 시늉을 하는 병원에 있는 이 자매님을 힘을 다해 돌보아 드려서 칭찬.

타3. 김 선교사님의 선교지에서의 열심과 선행, 특히 어릴 때부터의 이야기를 들으며 역시 타고난 성품이라고 칭찬.

금요일

욥기 7:21, 새번역

어찌하여 주님께서는 내 허물을 용서하지 않으시고, 내 죄악을 용서해 주지 않으십니까? 이제 내가 숨져 흙 속에 누우면, 주님께서 아무리 저를 찾으신다 해도, 나는 이미 없는 몸이 아닙니까?

욥은 자기의 잘못이 아닌데 자기가 고통 당하고 있다는 것을 모르므로 하나님께서 그를 용서해 주지 않으신 것 같은 생각이 든다. 나도 나의 고통이 나의 죄악이라고 착각할 때도 있다. 이미 하나님께서 용서하시고 그 죄를 기억하지 않으실지라도 계속 생각한다. 하나님은 사랑이시라 지나간 것을 기억하지 않으시는 분이시다. 욥을 의롭게 여기시고 아름답게 보신 하나님이시기에 나도 또한 새 힘을 얻고 주님 앞에서 복음을 담대히 전한다.

1. 바깥을 향한 창가에서 성경을 듣다가 새벽부터 총소리가 가까워서 혹시 총에 맞을까 싶어서 자리를 안쪽으로 옮겼다. 아이티 내의 사회적 혼란은 정치세력과 연합된 갱들의 싸움으로, 어느 나라가 들어와서 돕는다 해도 또 어떤 결과가 나오더라도 희생자들이 따르기 때문에 결국은 원망이 돌아올 뿐이다. 아이티를 도왔던 지금까지의 강대국들이 계속해서 원망과 욕을 먹고 있는 것도 그 때문이다. 오직 하나님께서 니느웨를 불쌍히 여겨서 구원하심과 같이 교회들이 회개하고 부르짖을 때, 그들의 세력이 녹아지게 하시고 돕는 자를 보내 줄 것이다.
2. 새벽에 내가 강조한 것이 있다. 어떻게 하면 우리의 성품을 고칠 것인가에 힘쓰다 보니 예수 그리스도의 복음이 뒤로 밀리는 어리석은 우상을 섬기는 자가 되었다. 회개하고 복음이 내게서 샘솟게 해주시기를 구하며 아이티에 복음이 선포되는 교회들이 되기를 소원한다.
3. 어젯밤에는 늦게 3월 22일 비행기가 취소되었다는 이메일이 왔다. 비행

기를 3월 30일 출발, 세 번을 갈아타고 31일 부활절 아침 도착으로 날짜를 옮겨 놓았다. 일주일 후에 집에 갈 것을 생각했는데 이제 2주 후가 되어서 그때까지 하나님께서 내게 무엇을 하게 하실 것인가 생각하며 모기장 안에서 잠을 뒤척였다. 오늘 새벽에 복음을 선포하라고 하신 것을 생각하며, 예수 이름을 높이는 일을 하자 다짐을 한다.

4. 닭들이 번갈아 가며 쉰 소리로 새벽을 가르는 가운데 새들이 몇 마리 와서 크게 우거진 앞집의 나무 위에서 바쁘게 날며 삑삑 소리를 크게 낸다. 여기서는 무조건 크게 소리를 내야 하는 것을 새들도 아는가 보다. 나도 아이티의 새가 되어, 매일 새벽마다 저녁마다 하나님이 귀가 먹으신 것처럼 악을 쓰고 소리를 지르며 기도한다.

5. 매일 밤낮으로 태우는 쓰레기와 플라스틱, 특히 타이어를 태우는 매캐한 냄새가 목을 칼칼하게 하고 눈을 빡빡하게 만든다. 이 나라 백성은 그래서 오래 못 살고 늙은이가 없는가 보다. "이 나라의 백성들을 불쌍히 여기소서." 눈물이 난다.

자1. 용기를 내어 모기장에서 나와서 일기를 쓰면서 앉아서 편안하게 글을 쓰는 일이 얼마나 좋은 일인가를 깨닫고 사모하는 심정이다. 긴 청바지와 긴팔 소매를 입었는데 모기와 파리가 목과 귀와 손가락, 발등을 물어서 가렵다. 그래도 용기를 내어서 모기와 싸워 보는 군사 같은 기분이 들어서 내가 나를 칭찬한다.

자2. 다른 나라를 거쳐서 가는 비행기가 있다고 해서 비행기표를 세 번 구입해서 아주 작은 섬나라를 통하여 미국으로 들어가는 비행기표를 구입했다. 이제 비행기표 사는 것도 많이 하다 보니까 쉽게 빨리 하게 되어서 결국 반복하는 자가 전문가가 되는구나 생각한다. 30일로 비행기표가 미루어졌는데, 여러 번 살아나기는 하시반 하루 내에 들어가고 아슬아슬하게 비행기표를 20일날 들어가는 것으로 구입해서 무척 기분이 좋다.

타1. 선교센터에 있는 다비드라는 학생이 직장도 없고 하니 며칠째 골목에서 닭과 바나나를 튀겨서 저녁에 팔고 있어서 좋은 경험을 한다고 다시 칭찬.

타2. 재플린의 생일이다. 아기 때 고아원에 와서 25살 생일을 맞았다. 선물로 줄 것이 없어서 내가 출국할 때, 내가 쓰던 보온병을 생일 선물로 주기로 약속했다. 재플린과 둘이서 대화를 나누었다. 열심히 공부하여 이번 6월에 간호대학을 졸업한다. 잘 자라 주고 열심히 공부해서 고맙다고 말해 주고 안아 주었다.

타3. 캐빈이 집에서 마당도 쓸고 자기 방도 치우고 자기 빨래도 하고 저녁에 예배에도 참석하여 왔다 갔다 하지 않고 내 앞에 앉아서 2시간 넘게 조용히 앉아 있었다. 자기도 기특한지 씩 웃는다. 잘했다고 어깨를 두드려 주었다.

토요일

욥기 11:4, 새번역
너는 네 생각이 옳다고 주장하고 주님 보시기에 네가 흠이 없다고 우기지만,

욥과 같이 하나님 앞에 옳다고 주장할 수만 있었으면 좋겠다. 나의 주 예수 그리스도의 보혈로 깨끗함을 받았으니 누가 나를 정죄하리요. 나의 죄를 동에서 서가 먼 것같이 말갛게 씻어 기억도 하지 않으신 분은 의로우시고 참되신 분이시니 나의 구원자는 완벽한 자이시다. 그런 분이 나의 죄를 씻으셨으니 누가 나를 정죄하겠는가? "구원의 하나님을 찬양합니다."

1. 밤새 선풍기를 켜고 가만히 누워만 있어도 땀이 줄줄 흐르는 밤을 보내고, 아침이 되니 선선한 바람이 불어 선풍기를 껐다. 오늘은 새벽예배가 없어서 욥기를 들으며 커피를 마신다. 김 선교사님이 사 가지고 온 꿀을 타서 진하고 달콤한 커피를 마시면서 모기장 안을 정리하고 하나님의 은혜에 감사드리며 하루를 시작한다.

2. 언니가 내가 아이티에 갇혀 있는 것 때문에 울다가 너무 지쳐서 남동생들 셋에게도 연락을 해서 함께 기도드린다고 한다. 남동생들이 믿음이 없어서 마음 아파했는데 하나님께서 그들에게 기도하게 하시니 기적이 아닌가. 내가 아이티에서 나가지 못해도 남동생들의 믿음이 온전해진다면 보람 있는 갇힘이 되리라.

3. 김 선교사님 남편이 추천해서 Project Dynamo(프로젝트 다이나모)라는 곳에 등록했다. 비상시에 헬리콥터를 동원해서 미국으로 돌아오도록 돕는 기관이라고 한다. 만약을 대비해서 짐을 백팩에 싸 놓으라고 한다. 연락이 오면 곧바로 떠날 수 있도록. 이렇게 돕는 사람들이 있어서 희망을 가지고 기다리는데 아침에 전화가 왔다. 오늘 헬리콥터를 미국 대사관으로 보낼 계획을 가지고 있으니 백팩 하나를 준비하고 다시 연락이 오면

대사관으로 오라고 한다. 그래서 급히 짐을 정리하고 기다리고 있다. 나는 헬리콥터를 기다리지만, 아이티 사람들은 무엇을 기다려야 할지 알지 못한다. 이분들에게는 오직 하나님만이 그들의 기다림이 될 것이다. "주님, 이 나라를 불쌍히 여기소서. 주님만을 바라보는 사람들이 많이 있습니다." 오늘 헬리콥터는 오지 않았다. 도미니카에서 민간인이 헬리콥터를 타고 오는 것에 대해 법적으로 인정이 안 되기 때문이다. 다시 서류 작업을 해서 내일이라도 갈 수 있으므로 대기를 하라고 한다. 오늘은 대기하다가 통행금지 시간이 지나서야 다시 연락을 받고 내일을 기다리기로 했다.

4. 아이티 소식을 유튜브 뉴스를 통해서 본다. 갱 두목은 군복을 입고 방탄복을 입고 기관총을 오른손에 들고 땀을 뻘뻘 흘리며 이 땅의 불의를 위해 싸운다고 외치나, 2만 명이 넘는 그의 추종자들은 관공서, 외국인 공관, 가게, 은행, 가정집 할 것 없이 모두 불태우고 총을 쏘아 대며 사람을 죽인다. 수도 포르토프랭스는 길거리가 모두 많이 파여 있어서 차가 빨리 달릴 수 없다. 갱들은 그 길 위 곳곳에 타이어를 태워서 길을 막아두고 있다. 지미 셰리지에, 바베큐라는 갱 두목은 자기들의 마음에 차게 하지 않으면 백성들을 모두 죽이겠다고 엄포를 놓는다. 정의를 외치는 자가 자기 나라를 지킨다고 지켜야 할 명분을 죽여 버리겠다는 엄포로 악의 상징이 된다. 사탄에게 영혼이 팔린 자는 감각이 없고 자기가 속한 세상을 지옥으로 만들어 버린다. 내 주위에 나 때문에 지옥을 맛보는 자가 없는가? '나는 공의를 행한다고 하면서 곁에 있는 사람의 심령을 죽이는 자는 아닌가'라는 생각을 하면서 오늘부터라도 잘하자고 다짐한다.

5. 어제 종일 작은 섬나라를 통해서 가려고 비행기표 예약을 3월 20일로 해 놓았는데 김 선교사님 남편이 위험하다고 취소를 하라고 해서 어렵게 섬나라 비행기표들은 취소를 했는데, 국내선은 취소가 안 되고 환불도 안 된다고 한다. 온전히 하나님을 의지하라고 하시는 것 같다. "주님께서 하시는 일을 기대하게 하심을 감사합니다."

자1. 청년들과 같이 담화를 하면서 이스라엘 가서 선교하면서 경찰을 피해서 빠르게 다닌 이야기를 들려주었더니 아이티가 무섭지 않냐고 묻는다. 스릴이 있고 좋지 않냐고 했더니 모두 웃는다. 청년들과 아침마다 대화를 나누며 조금씩 알아가는 시간을 만들어가는 것을 칭찬한다.

자2. 어제 저녁에는 쥬댄에게 보온병을 생일 선물로 주기로 했는데 재플린에게 줄 선물이 없다. 생각해 보니 내가 가져온 것 중에 큼지막한 스카프가 있다. 처음에는 더워서 스카프가 필요할까 생각했는데, 여자들이 머리 손질하기 어려울 때 여러가지 색깔의 천을 머리에 잘 쓰고 다니기 때문에 좋은 선물이 되지 않을까 생각하니 기쁘다.

타1. 이 집에는 남자 청년들이 7명, 여자 청년들이 2명, 쟉 목사님 가족이 10여명(확실한 숫자는 모른다. 많은 사람이 들고 나기 때문이다), 선교사님 2명, 당분간 집세가 없어서 집안 청소일이라도 하라고 해서 오신 리카르도 목사님의 어머니와 여동생 청년 1명이 모여서 산다. 남자 청년들은 수시로 많은 청년들의 방에 와서 먹고 자고 하는데 청년마다 자기들의 선호도와 특기와 일하는 방식이 다르다. 이렇게 많은 식구들을 먹이고 재우고 공부시키는 김 선교사님이 훌륭하시다. 그 외에 더 많은 교회들과 사역자들을 돌보시니 엄청난 일을 하고 계신다.

타2. 프로젝트 다이나모에서 올리비아라는 여인에게 오늘 헬기를 보내니 준비하고 기다리라고 한다. 아직 시간은 모른다. 정말 눈물이 나도록 감사하다.

타3. "하나님께 탄원하는 목성연, 세션, 교협, 목사회와 교인들과 가족들과 한국에 있는 언니와 형제들의 눈물 어린 기도에 감사를 드립니다."

사랑의 3중 계명, 실천 계획, 루틴
240317~240323
(예수님과 동행하는 일상의 기록들)

주일

욥기 12:10, 새번역

모든 생물의 생명이 하나님의 손안에 있고, 사람의 목숨 또한 모두 그분의 능력 안에 있지 않느냐?

모든 생물의 생명은 하나님의 손안에 있어서 하나님께서 만지신다. 사람의 목숨은 모두 그분의 능력 안에 있어서 단순하지가 않다. 하나님께서 우리를 다루심은 그분의 능력을 드러내심이신가? 내가 나 됨으로 하나님의 능력을 어떻게 나타내고 있는가? "나의 삶이 하나님의 선하신 능력을 나타내게 하소서."

1. 어제부터 종일 헬리콥터를 기다리다가 하루가 갔고 오늘도 밤새 기다리다가 아침을 맞았다. 백팩을 싸놓고 언제든지 떠날 준비가 되어 있으나 기다리는 소식은 오지 않고 주일을 맞게 되었다. 하나님께 예배드리게 하시기 위해 길에서 주일예배 시간을 보내지 않게 되어서 기쁘다. Project Dynamo에 연락을 하니 아직도 계획 중이라 어쩌면 내일이 될지 모른다고 한다. 짐을 풀고 옷을 갈아입고 평안히 지내게 되었다. 어제와 오늘 헬기가 뜨지 못한 것은 아이티 영공이 아무도 날지 못하도록 닫았기 때문이라고 한다. 내일은 90% 확신하는데 문을 열 것이라고 한다. 우리에게 지정된 곳에 나가면 무장된 차를 보내어서 헬기 있는 곳으로 안전하게 데리고 가서 도미니카로 피신을 하게 한다고 하였다. 내일 90%에 새로운 희망을 걸어 본다.

2. 예배 시간에 많은 아이들과 어른들이 왔고 특별히 청년들이 많이 와서 기쁘다. 이 나라 사람은 정말 훌륭하게 잘생겼다. 아이들도 모두 너무 예쁘고 배우같이 다 잘생겼다. 가난하여서 힘들게 사는 고급 교육을 받은 청년들의 자존심이 얼마나 상할까 생각하니 마음이 아프다.

3. 어제는 경찰과 갱들이 서로 맞싸워서 살벌했다고 한다. 그래서 오늘은 좀 조용한 편이다. 김 선교사님이 오늘은 청년들에게 염소 다리 두 개를 시디가 고아서 먹게 했다. 마 뿌리와 토린 뿌리를 넣고 염소탕을 만들어서 온 식구들이 보약을 먹었다. 20여 명이 한 식구라 어지간해서는 힘들다. 아이티 사람들은 한 끼를 먹기 때문에 우리보다 2~3배의 양을 먹는다. 우리는 세 번으로 나누어 먹고 아이티 분들은 한꺼번에 한 끼를 먹는다. 그것도 사랑의교회에 살기 때문에 먹을 수가 있다. 아침은 새까만 커피에 설탕을 많이 넣고 아무것도 바르지 않은 핫도그 빵 같은 빵을 먹는다. 다른 곳에서 사역을 하는 목사님들도 오셔서 같이 식사를 하고 가셨다. 일주일에 한 번씩 오셔서 생활비와 사역비를 받아 가신다. 김용옥 선교사님은 매일, 매주 지출을 하고 사역자들을 사랑으로 돌보신다.

4. 에녹 목사님의 아들이 전신에 큰 혹 같은 것들이 생겨서 사진을 찍어 보냈다. 의사에게 보여야 하는데 모든 것이 김용옥 선교사님을 통해서 지시가 내려지고 치료비가 지출되고 치료를 받는다. 그들에게 병원에 가서 치료를 받을 돈이 없기 때문이다. 큰 병이 아니었으면 하고 기도한다.

5. 며칠 동안 헬기로 나간다고 정신을 빼서 아침에 운동 시간도 없이 이틀을 지냈다. 어제도 발치기로 모기장 안에서 누워서 운동을 했는데 오늘은 작은 마당에 나가서 저녁에 걷고 싶지만 모기가 무섭다. 그래서 모기장 인에서 신풍기를 들어 놓고 한가로이 글을 쓰고 공부를 하고 책을 읽고 세미나를 듣고 하니 신선이 따로 없다.

자1. 마음이 잡히지 않고 어수선한 대피 대기 중에서 예배 후에 마음을 잡고 기도 제목을 적어 보내어서 모든 분들이 이런 기회에 동참하게 해드리게 되어서 칭찬.

자2. 염소탕을 먹어 보지 않았고 생각만 해도 이상한 느낌이 들어서 식당에서 절대로 주문하지 않는 것인데, 오늘 점심 메뉴가 염소탕 한 그릇이다. 오후 2시가 넘어서 배도 고프고 먹었는데 냄새도 안 나고 고기 한 쪽과 연근 뿌리와 마 뿌리도 맛있었다. 미국 가면 염소탕도 시켜서 먹으리라 하는 내가 기특하다.

타1. 남편이 예배 끝나고 낙심하여 일찍 집에 가셨다고 해서 남편에게 이메일로 안부를 묻고 사진도 보내고 위로했더니 조금 풀어져서 건강한 모습을 보니 마음이 놓인다고 한다. 혼자서 마음 고생이 많았나 보다.

타2. 댄 장로님은 애가 타는가 보다. 주일 모든 사람들이 자기에게 와서 목사님 안부를 물으니 update(업데이트)를 해달라고 목사님이 너무 너무 필요하다고 고민을 풀어 놓는다. 줌으로 잠깐 예배 후에 통화를 했더니 마음이 많이 가라앉아서 다행이다. 교회를 맡은 책임감이 큰가 보다. 오늘은 선물을 아마존을 통해 좀 보내서 위로하리라.

타3. 매일 하루 세 끼를 3주째 차려 주시는 강 선교사님께 감사하다. 한국에 있는 아들과 미국에 있는 딸 이야기를 들어주며 훌륭히 잘 키우셨다고 칭찬을 했다.

월요일

욥기 16:1-5, 새번역

욥이 대답하였다. 그런 말은 전부터 많이 들었다. 나를 위로한다고 하지만, 오히려 너희는 하나같이 나를 괴롭힐 뿐이다. 너희는 이런 헛된 소리를 끝도 없이 계속할 테냐? 무엇에 홀려서, 그렇게 말끝마다 나를 괴롭히느냐? 너희가 내 처지가 되면, 나도 너희처럼 말할 수 있을 것이다. 나도 너희에게 마구 말을 퍼부으며, 가엾다는 듯이 머리를 내저을 것이다. 내가 입을 열어 여러 가지 말로 너희를 격려하며, 입에 발린 말로 너희를 위로하였을 것이다.

욥의 탄식이 내게 깊게 다가온다. 참으로 내가 스스로 아무것도 할 수 없는 고난 가운데 있지 않으면 할 수 없는 탄식이다. 다른 사람들은 모르기 때문에 정죄하고 판단하고 자기들 생각에 옳은 대로 말을 한다. 그것이 아무것도 할 수 없는 고난 가운데 있는 사람에게는 따발총을 마구 쏘아 대는 갱들에게 당하는 것 같을 것이다. '주께서 이 한마디 깨닫게 하시기 위해 여기까지 지나게 하셨는가요?' 앞으로 자기가 감당할 수 없는 고난을 겪는 사람에게 같이 울어 주되 당연한 말을 하지 말자.

1. Sunrise Air 아이티 비행기가 국내선이라 오늘 여기서 출발해서 옛 수도 Cap-Haitian(카프아이시앵)으로 가면 거기서 섬나라로 가서 미국으로 들어갈 수가 있는데, 오늘 국내선을 타러 갔던 사람들이 비행장 관제탑이 부서져서 비행기가 뜨지 않는다고 한다. 그리고 비행기 표 환불도 안 된다고 한다. 우리도 수요일 국내선 비행기를 사 두었는데 그때까지 관제탑이 고쳐질 수 없을 것 같다. 고칠 기술자도 없고 돈도 없어서 언제 고칠지 모른다고 한다. 무법의 나라, 힘센 사람이 이기는 일이 일어나고 있는 곳에 와서 살아 있다는 사실이 기적이다. 하나님의 긍휼하심이다.
2. 청년 쥬댄이 아이티 커피를 아이티식으로 끓여서 맛보라고 준다. 지난

주에 먹었던 커피는 거칠게 타는 냄새가 강하게 나는데, 오늘 커피는 그렇게 야생마 같은 맛이 아니고 짠맛이 강하게 나는데 뒷맛은 여러가지 맛이 섞여 있고 신맛의 여운이 남는 커피이다. 오늘 쥬댄에게 간단한 아이티 크리올어(Haitian Creole)를 배우려고 하나 혀가 잘 돌아가지 않는다. 나이가 들어서 이해하고 인내하는 것은 좋은데 다른 것도 천천히 돌아가니 답답한 노릇이다. 하나님께서는 우리에게 모든 것을 주어 가능하지 않게 하셔서 우리로 교만하지 않고 겸손하게 하신다. 정말 감사한 일이다. 아니면 나는 교만하여 넘어졌을 것이다.

3. 아침부터 전화의 모든 notification(알림)을 켜놓고 project Dynamo에서 헬기가 준비되었으니 오라고 하는 뉴스를 기다리며 새벽예배 드리고, 밥도 먹고, 커피도 마시고, 오고 가는 사람들과 대화를 하면서 시간을 보내고 있다. 우리의 인생에 하나님께서 브레이크를 거시면 꼼짝없이 기다릴 수밖에 없다. 애쓰고 힘써도 소용이 없다. 하나님의 원하시는 때에 하나님이 원하시는 방법대로 진행하신다. 우리가 알고 기다리며 순종하는 법을 배우기를 원한다.

4. 사무엘상 13장 13절을 보면, 사울 왕이 망령되이 행하고 하나님의 명령을 지키지 않았다고 꾸짖으며 왕의 나라가 길지 못할 것이며 하나님의 마음에 맞는 사람을 세울 것이라고 말씀하신다. 사무엘이 늦게 온 것이 벌써 사울 왕이 하나님께 여쭤 본 것이 아니라 자기가 마음대로 블레셋을 먼저 공격함으로 하나님께 범죄한 후에 불을 끄려고 번제를 드렸다. 나도 먼저 시작하고 위험하면 하나님께 구하고 사정을 하는 버릇이 있다. 이제부터는 조심하자.

5. 저녁을 먹으려고 하는데 미국 국방부에서 이메일이 왔다. 포르토프랭스에 있는 미국 시민들을 헬리콥터로 나르기 시작했으니 아직도 원하면 빨리 연락을 하라고 한다. 급히 밥을 먹기 전에 여권번호와 동의한다는 말을 적어서 김 선교사님과 두 사람을 헬리콥터로 운반해 달라고 이 메일을 보냈다. 김 선교사님 남편이 사용료를 내는 동의서를 다운로드해서

우리에게 이메일로 보내서 프린트를 해서 부를 때 가지고 오라고 한다. 며칠 전부터 하늘의 문을 열어서 아이티를 구원해 달라고 기도했는데 하늘의 문이 열려서 우리가 구조를 받게 하시니 감사를 드리며. 두고 가는 아이티가 눈에 밟힌다.

6. 저녁 기도에 청년들과 어린아이들이 많이 와서 함께 아이티를 위해서 기도하고 2층에 올라와서 속이 하얗고 퍽퍽하고 조그마한 아이티 고구마를 먹었다. 한국 고구마는 달고 즙이 있는데. 여기는 고구마가 밀가루같이 건조하여 퍽퍽하다. 그러나 맛은 괜찮다. 쥬댄이 시장에 가서 사온, 달지는 않지만 영글어서 물렁해진 향기가 진한 파파야를 먹었다. 어쩌면 이것도 마지막이려니 생각하니 눈물이 나려고 한다. 아이들과 어른들이 이제 같이 악수도 하고 친해져 얼굴들이 익어서인지 다정하다.

자1. "고난 가운데 있으면서도 지혜의 말을 토해 내는 욥을 존경하며 그 깨달음을 주시는 성령님께 감사를 드립니다."
자2. 3주가 넘도록 아이티에 잡혀서 잘 먹고 잘 자고 있는 내가 기특하고 고맙다.
자3. 하나님 앞에 온전하지 못하여 하나님께서 기도를 응답하지 못하시는지 나 자신을 돌아보며 각성할 수 있는 기회를 갖게 되어서 감사하다.

타1. 우리가 나가는 일을 자신이 나가는 일보다 더 신경쓰고 기뻐하기도 하고 슬퍼하기도 하는 강 선교사님이 감사하고 아름답다.
타2. 일본 선교를 한 달간 다녀오고 다시 멀리 브라질에 가서도 여전히 기도해 주시는 남 목사님이 고맙다.
타3. 매일을 쉬지 않고 기도하고 있는 모든 분들에게 감사하다.

화요일

욥기 19:25-27, 새번역

그러나 나는 확신한다. 내 구원자가 살아 계신다. 나를 돌보시는 그가 땅 위에 우뚝 서실 날이 반드시 오고야 말 것이다. 내 살갗이 다 썩은 다음에라도, 내 육체가 다 썩은 다음에라도, 나는 하나님을 뵈올 것이다. 내가 그를 직접 뵙겠다. 이 눈으로 직접 뵐 때에, 하나님이 낯설지 않을 것이다. 내 간장이 다 녹는구나!

욥의 놀라운 고백이다. 그가 죽었을지라도 그가 하나님을 직접 볼 것이며 낯설지 않을 것이라고 한다. 나의 삶을 주관하시는 하나님께서 내가 주님 앞에 섰을 때 웃으시리라.

1. 사무엘상 14장의 말씀으로 새벽에 주님께 아이티 갱들의 땅이 흔들리게 하시고 서로 저들끼리 싸워서 죽이고 혼돈하게 하셔서 숨어 있던 하나님의 사람들이 들고 있어나 힘을 합하여 싸우게 해주시기를 기도드렸다. 믿음의 지도자 한 사람이 없어서 망하게 된 아이티에 하나님이 세우신 공의의 리더 한 사람을 세워 주셔서 이 나라를 살려 주실 것을 간구하였다. 한 사람이 세워지는 것이 나라를 세우는 일임을 생각하며 한 사람을 세우기 위해 힘써야 할 것을 다짐한다.
2. 아침 8시가 가까웠지만 미 국방부로부터 아직 연락이 없다. 어젯밤에는 혹시 새벽에 오라고 하지 않을까 걱정했는데 아침을 먹고 느긋하게 기다리게 해주셔서 감사하다.
3. 오늘은 아침을 먹으면서 김 선교사님과 강 선교사님의 경청과 반응에 대해서 연습을 했다. 하나님의 일을 앞장서서 해 나가시는 두 분이 사람들에게 존경을 받으며 아름다운 열매를 많이 맺게 되기를 소원한다.
4. 헬기를 타고 가면 도미니카 국경에서 버스를 타고 가서 이교자 선교사님을 만나 비행장으로 가든지 호텔이나 선교사님 댁에서 하루를 묵고 떠나

든지 할 예정이다. 오늘 떠나더라도 집에는 내일이나 도착할 것 같다. 가족들과 교회가 심히 낙심하지 않도록 하나님께서 도우시기를 바란다.
5. 청년들이 밀가루 반죽 안에 닭다리와 양배추를 마요네즈에 무친 고명을 넣고 크게 튀겨 와서 점심을 먹었다. 20~30명이나 되는 가족들을 매일 먹여 살리는데 모두 다 20대 초반 청년들이라 엄청나게 먹어 댄다. 먹어도 끝이 없이 배가 고픈 사람들이다.

자1. 남편과 아이들이 걱정이 심해서 이제 이메일을 자주 보내서 그들을 위로한다. 시간이 지나감에 따라서 모두가 지치지 않도록 하나님께서 그들에게 믿음 주시기를 기도한다.

자2. 헬기를 기다리며 Expanse(지출) 서류 작성을 위해 Jerry, Dan, Rice 목사님이 동원되어서 서류를 작성했고 서류를 받았다는 이메일도 받았다. 무엇이라도 해서 돕기를 원하는 교인들이 감사하다.

수요일

욥기 21:23-26, 새번역

어떤 사람은 죽을 때까지도 기력이 정정하다. 죽을 때에도 행복하게, 편안하게 죽는다. 평소에 그의 몸은 어느 한 곳도 영양이 부족하지 않으며, 뼈마디마다 생기가 넘친다. 그러나 어떤 사람은 행복하고는 거리가 멀다. 고통스럽게 살다가, 고통스럽게 죽는다. 그러나 그들 두 사람은 다 함께 티끌 속에 눕고 말며, 하나같이 구더기로 덮이는 신세가 된다.

나의 눈에 보이는 것이 축복인 줄 생각하지만, 행복하게 살다가 죽는 자나 고난 가운데 죽는 자나 다 구더기로 덮인다. "나의 마음이 고난 가운데 살지라도 하나님 앞에 온전하게 하소서."

1. 사무엘상 15장 말씀을 새벽에 함께 보았다. 사울이 아말렉을 다 쳐죽이고 기념비를 세웠다. 그러나 하나님의 말씀을 적당히 행하고는, 백성을 두려워해서라고 변명하며 양과 소를 죽이지 않았다. 많은 사람 앞에서 하나님의 은혜로 큰일을 이루었으나 하나님께 버림을 받았다. 보기에는 하나님 앞에서 축복받은 사람 같으나, 하나님께 버림을 받고 영원히 귀신에게 시달리는 사람이 있다. 사람들이 보기에 실패한 것같이 보일지라도 하나님이 보시기에 온전한 자가 되자. 나를 아시는 주님께서 겉사람을 폐하게 하시고 속사람을 훈련시키는 것 같다. 외식하는 자의 자세를 버리자.
2. 목성연의 목사님들을 보니 반갑다. 오랫동안 함께해 온 목사님들, 선교사님들을 보니 아이티에 와서 꼼짝 못하지만 가까이 있는 것 같아 위로가 된다. 함께 같은 길을 걸어가는 분들과 이야기를 나누는 것이 복되다. 지금까지 방향을 정하고 단순한 생활을 한 것이 하나님께서 주신 축복이다.
3. 헬기 소리가 많이 들리므로 김 선교사님의 마음이 많이 급하다. 혹시 우

리가 모르고 놓치고 있는 것은 아닌가라는 생각이 들어선가 보다. 내가 여기에 있으니 위로도 되지만 부담감도 큰 것 같다. 우리에게는 어떤 일도 완벽하게 만족하기는 어렵다. 나의 염려를 주님께 내려놓는다. 내가 걱정하고 염려한다고 이루어질 일이 아니기 때문이다. "마음의 중심에 평안과 기쁨으로 충만하게 하소서."

4. 기도 모임에 나올 어린아이들과 청년들과 어른들의 모습이 눈 앞에 선하다. 오늘도 성령님께서 우리를 인도하사, 불 같은 역사가 일어나서 모든 사람이 성령의 충만함으로 예수 그리스도로 인하여 새 소망을 갖고 복음 증거에 힘쓰는 삶이 되기를 소망한다.
5. 기도 모임에서 훈련되지 않은 사람들을 모아 놓고 멍한 사람들의 눈을 보니 가슴이 메인다. 한 남자가 눈을 크게 뜨고 눈에는 눈물을 머금고 시멘트 바닥에 무릎을 꿇고 하나님께 기도한다. 쟉 목사님과 김 선교사님만이 목이 메인다.

자1. 새벽예배를 드리기 위해 4시 반에 깨어 보니 발이 많이 붓지 않고 발가락을 움직이기가 어렵지 않다. 아이티의 생활과 환경에 차츰 적응해 나가는 내가 기특하다.
자2. 아침에 잘 익은 아보카도를 먹으며 행복하다는 느낌이 든다. 열대과일을 좋아하고 드라이가 잘되는 피부를 가지고 있는데 하루 종일 땀을 많이 흘리는 곳에 와 있으니 드라이 스킨이 될 시간이 없어서 감사하다.

타1. 사라 결혼 14주년이라 온 가족이 서로 축하하며 많은 이메일과 문자가 오고갔다. 14년간 잘 살아 준 딸에게 감사와 칭찬을 보냈다.
타2. 어제 남편이 집인에 카메라를 실지헀는데 오늘은 사림들이 교회에 낮부터 와서 오후 4시 넘어서 떠났기 때문에 아무것도 할 수 없다고 한다. 교회에 사람들이 기도하러 왔으니 화내지 말고 내일 천천히 바깥 카메라 설치를 하시라고 하면서, 열심히 일하여 고마우니 오늘은 편히 쉬라고 위로했다.

타3. 제리 형제님께서 플로리다 하원의원에게 rescue(구조) 상소문을 올려서 우리 두 사람을 구해 달라고 요청하였다고 하여서 감사하다.

타4. 남편이 교인들이 기도하러 왔다가 종일 교회에서 지내고 집에 갈 때 어지럽게 해놓은 것을 정리해주고 도와주어서 감사하다고 전했다.

목요일

욥기 28: 23-28, 새번역

그러나 하나님은, 지혜가 있는 곳에 이르는 길을 아신다. 그분만이 지혜가 있는 곳을 아신다. 오직 그분만이 땅 끝까지 살피실 수 있으며, 하늘 아래에 있는 모든 것을 보실 수 있다. 그분께서 저울로 바람의 강약을 달아 보시던 그때에, 물의 분량을 달아 보시던 그때에, 비가 내리는 규칙을 세우시던 그때에, 천둥 번개가 치는 길을 정하시던 그때에, 바로 그때에 그분께서, 지혜를 보시고, 지혜를 칭찬하시고, 지혜를 튼튼하게 세우시고, 지혜를 시험해 보셨다. 그런 다음에, 하나님은 사람에게 말씀하셨다. "주님을 경외하는 것이 지혜요, 악을 멀리하는 것이 슬기다."

모든 지혜를 사람이 알 수가 없다. 하나님께서 정하신 것이며, 하나님을 경외하는 자들에게도 모르는 것이 많다는 것을 깨닫게 하신다. 모른다는 것을 깨닫고 우기지 않는 것이 또한 지혜이다. 하나님을 아는 자는 악을 멀리하는 슬기로운 자이다. "저에게 하나님을 경외하며 하나님을 아는 지혜를 허락하셔서 매순간 부딪히는 일들로 말미암아 입으로 범죄치 않게 하소서."

1. 새벽에 사무엘상 16장을 읽었다. 사울을 버리고 다윗에게 기름 붓는, 이스라엘 리더가 하나님을 의뢰하지 않음으로 하나님의 영이 그에게서 떠나고 악귀가 그를 괴롭히는 참혹한 현실을 보게 한다. 아직 왕이지만 제일 불행한 인생을 살다가, 금방 죽지도 않고 다윗이 훈련되기까지 괴로움을 당하고 다윗을 괴롭히는 과정을 우리에게 보게 하신다. 잘하고 있는 것 같지만 매 순간 괴로움 당하며 사는 것이 인간의 모습임을 보게 된다.

2. 어젯밤에 프로젝트 다이나모가 오늘 아침 11~12시 사이에 연락을 하면 모두 모여서 도미니카 국경까지 헬기로 데려다 주겠다고 했다. 헬기가 벌써 한 대 이곳에 정착해 있어서 30여 명을 그곳으로 후송하는 데는 여섯

차례 왕래를 해야 한다고 한다. 우리 차례가 올 때까지 기다려야 한다. 도미니카 국경에서 입국을 하여서 함께 버스를 타고 가기까지는 적어도 6시간은 기다려야 버스가 비행장으로 향한다고 한다. 버스가 비행장까지 가는 시간은 4시간이다. 그리고 비행기를 예약해서 집으로 갈 수 있다. 오늘은 길에서 밤새도록 보내야 한다. 그래도 하나님께서 길을 열어 주셔서 갈 수 있게 되기를 바란다. 눈물로 기도하며 기다리는 가족들과 교회를 주님께서 긍휼히 여기시기를 바란다.

3. 막상 떠날 것이라고 생각하니 이곳에 있는 청년들과 쟉 목사님 가정과 교인들과 어린아이들의 크고 검고 동그란 눈동자가 가슴에 새겨진다. "하나님께서 이 땅을 평정시켜 주소서. 악인을 하나님의 손으로 멸절되게 하시고 공의의 리더를 세워 주셔서, 아이티 백성에게 평안을 주소서."

4. 샴푸가 없어서 비누로 머리를 감았더니 새집같이 부스스하여서, 오늘은 미국에 갈지도 몰라서 김 선교사님에게 부탁해서 샴푸로 머리를 감았다. 머리결이 부드럽고 만져도 지푸라기 같지가 않고 반들반들하다. 기분이 상쾌하다. 샴푸 하나에도 만족함을 주시는 하나님께 감사를 드린다. 아이티 사람들은 아무것도 없어서 문화 생활을 누리지 못하고 산다. 새벽 예배 드린 후에 해가 뜨기 전에 좁은 마당을 개에게 발길이 밟고 밟히면서 보폭을 넓혀서 10~15분을 걷는다. 낮이나 밤이나 파리, 모기 때문에 밖을 못 나가고 모기장 안에서 보낸다. 마음대로 공원에 나가서 걷는 일이 얼마나 행복한 일인가를 다시금 꿈을 꾼다. 총소리만 아니면 밖에 나가서 시장도 보고 과일도 사겠지만 대문 밖을 나가 보지 못한다. 굳게 닫힌 철문은 주님이 나에게 주신 요새요 피난처가 된다. 우리가 나가더라도 주님께서 이곳을 지켜 주셔서 20여 명이 넘는 청년들에게 요새요 피난처요 보호소가 되어 주시기를 바란다. 이곳도 언제 갱들이 철문을 부수고 들어올지 모른다. 산 위의 부자 동네들도 갱들을 피하지는 못했다. 철문도, 경비도 도움이 되지 못했다. "오직 하나님께서 피난처가 되셔서 지켜 주시기를 기도드립니다."

5. 라이스 목사님의 형 찰리가 심장마비로 ICU에 입원을 했는데 찰리의 부인 마리타가 또 심장마비로 입원을 했다. 케런 사모님은 아들 데이비드와 독감으로 꼼짝 못하고 있다. 라이스 목사님도 완쾌된 상황이 아니라서 아내가 회복되어야 형님을 방문할 수 있다. 고아와 같이 자란 케런 사모님과 라이스 목사님은 흩어져 사는 형제들을 생각하는 것이 각별하다. 케런 사모님은 20년 전에 찰리에게 자기의 콩팥을 하나 떼주기도 했다. 이 자매님은 대장암 수술을 한 후에 계속해서 부작용이 일어나고 있다. 하나님께서 저들에게 은혜를 부어 주셔서 평안케 해주셔서, 내가 없는 동안에도 교회가 사랑으로 더욱더 기도하며 힘을 내기를 기도한다.
6. 세선회 임원회를 가졌다. 임원들이 내가 돌아오기를 기다리고 있다. 리더가 된다는 것은 의지할 데가 없고 무조건 생존해야 하는 것임을 알게 한다. 어떻게 하면 각자 자기의 맡은 일을 회장이 없어도 알아서 감당해야 할 것인가를 생각해 봐야겠다. 참여해 주어서 수고하셨다고 임원들에게 아마존으로 선물을 보냈다. 그들이 용기를 내어 앞장서서 일해 주기를 기도한다.

자1. 오늘 어쩌면 헬기를 타고 갈지도 모른다고 생각하니 마음이 설렌다. 그러나 긴 여행을 견딜 수 있을지 몸이 지탱해 주기를 하나님께 간절히 구하며 위로를 얻고 힘을 얻는다.
자2. 매일 풀고 싸고 하는 백팩을 다시 쌌다. 오늘은 헬기를 타고 떠나리라는 마음을 먹고 다시 용기를 낸다.
자3. 가족들에게 국방부에서 온 이메일 내용을 이야기하였다. 내일 아침 7시에 미 대사관으로 오라고 한다. 정말 감사하다.

타1. 오늘 떠날지 몰라서 좋은 파파야를 쥬댄에게 사오라고 해서 새벽예배 후에 아침을 준비한 강 선교사님에게 전하며 그녀의 평안을 위해 기도한다.
타2. 김 선교사님은 국방부에서 이메일을 받지 못해서 대신 우리 두 사람이 간다고 연락을 해서 그의 초조한 마음을 달랬다.

금요일

시편 59:3-5, 새번역

그들이 내 목숨을 노리고 매복해 있습니다. 강한 자들이 나를 치려고 모여듭니다. 그러나 주님, 나에게 허물이 있는 것도 아니요, 나에게 큰 죄가 있는 것도 아닙니다. 나에게는 아무런 잘못도 없으나, 그들이 달려와서 싸울 준비를 합니다. 깨어나 살피시고, 나를 도와주십시오. 주님은 만군의 하나님, 주 이스라엘의 하나님이십니다. 깨어나셔서 모든 나라를 차별 없이 심판하시고, 사악한 꾀를 꾸미는 자들을, 불쌍히 여기지 마십시오.

아이티에 머물면서 왜 내가 여기서 감금되었는가를 생각한다. 내가 잘못 행한 것이 있으면 하나님께 아뢰고 하나님께서 나를 고쳐 주실 것을 간구했다. 시편 59편을 보면서 내가 아무 잘못이 없어도 이러한 일을 당할 수 있음을 알게 하시고, 이런 고난을 통하여 하나님께 더 가까이 가는 은혜를 누리게 하신다.

1. 오늘 아침 7시에 미 대사관으로 나오라고, 미 국방부에서 어제 낮에 연락이 왔다. 3주 동안 매일 오늘이 나가는 날인가 했으나 그 교통편은 계속해서 취소가 되었다. 미 국방부에서 헬기를 탈 것이니 여권과 비행기 운송비를 갚겠다는 계약서를 들고 백팩 하나를 메고 바지를 입고 앞이 막힌 신을 신고 나오라고 한다. 밤에 일어나 보니 2시 반이고 또 일어나 보니 3시 15분이다. 커피를 한 잔 끓여서 마시고 새벽예배 시간이 되기 전에 짐을 싸서 준비해 놓아야겠다. 바깥에서 총소리가 났는데 우리가 미 대사관으로 가는 시간에는 갱단들이 아직 나오지 않기를 하나님께 기도드린다.

2. 베개와 깐 이불이 축축할 정도로 땀을 뻘뻘 흘리고 잤는데 새벽에 일어나면 시원한 바람이 분다. 밤에는 비가 자주 와서 창문을 닫고 자면 무척 더운데 어젯밤은 비가 오지 않아서 아침에 시원한 바람을 맞는다. 오

늘 새벽에는 하나님께서 주실 은혜를 기다리며 예배가 기다려진다. 새벽 4시부터 깨는 것이 힘이 들었는데 4주 가까이 하다 보니 이제는 저절로 눈이 떠지고 새벽에 말씀 가운데 주시는 은혜가 크고 즐겁다.

3. 밖에서 개가 목이 쉴 정도로 일찍부터 울어 댄다. 파수꾼이 되어 밤새 이 집을 지키느라고 수고가 많다. 세상은 교회를 무너뜨리려고 호시탐탐 기회를 노리며 침범하려고 한다. 개도 밤새 지키는 집을 나도 충성되게 지키자. 게으르지 말고 쓸데없는 일에 시간 허비하지 말고 하나님의 충성스러운 청지기 역할을 잘하자.

4. 발의 부기가 많이 빠져서 기쁘다. 하루에 세 번 밥을 먹고 모기장 안에서 사니 뱃살이 많이 쪄서 움직이는 것이 불편하다. 집에 가면 마음껏 밖에 나가서 걷자. 여기서는 낮에는 너무 더워서 움직이기도 힘들다. 우리 집은 추워서 두꺼운 옷을 입고 운동장을 두 바퀴 돌면 한 시간이 걸린다. 그 일이 그리워진다.

5. 어젯밤에는 저녁기도회 때 예배 시간에 어른이고 아이고 들락날락 하는 것에 대해서 하나님을 경외하는 예배의 자세가 아님을 나누면서 어른들이 본을 보이라고 타일렀다. 아이들과 청년들에게는 학교에 가지 않으니 놀지만 말고 공부를 좀 하라고 했다. 일만 시간의 법칙을 이야기하면서 다른 나라로 도망할 생각을 하지 말고 전문가가 되어서 다른 나라가 원하는 초대하는 사람이 될 것을 당부했다.

자1. 오늘 헬기를 타고 떠나면 이틀은 길에서 지내야 할 것 같은데 일찍 일어나 마음의 준비를 한 것을 칭찬한다.
자2. 조금 힘이 없어서 휘청거리긴 했지만 하루 종일 잘 견뎌 주어서 감사.

타1. 미대사관에서 직원들이 매우 친절하게 배려하는 모습이 감사하다. 미 해병대의 젊은 청년들이 우리를 보호하기 위해 최선을 다하여 섬기며 도와주어서 다시금 군인들에 대한 감사와 나라에 대한 감사가 생긴다.

타2. 이교자 선교사님과 김종호 선교사님의 저녁 한나절의 배려와 사랑으로 인해 매우 피곤하여 지쳤을 하루를 무사히 잘 넘기게 되어 감사.

타3. 사랑의교회 온 가족들의 사랑을 받으며 그들의 아름다운 포옹을 느끼며 여운이 찐하다. 사랑의교회 가족들이 오후 2시에 헬기를 타기 위해 해병대의 호위를 받으며 움직이고 있을 때, 점심 식사를 가지고 왔는데 못 만났다. 괜히 마음에 눈물이 고인다.

타4. 처음 만난 강 목사님께서 함께 아이티를 탈출하면서 한국인들이 선교사로 위험한 곳에서도 믿음으로 선교하심에 감사를 드리며, 도미니카에서 점심을 푸짐히 사 주셔서 미안하기도 하고 감사를 드린다.

토요일

사무엘상 18:98

다윗에게는 만만을 돌리고 내게는 천천만 돌리니 그가 더 얻을 것이 나라 말고 무엇이냐 하고

불안과 질투를 느끼는 것은 사람에게는 다 있을 것이다. 그러나 그것을 부풀려 시 망상에 이르는 사람은 심힌 얼등김이 있거나 인정빋으려고 하는 욕구 때문에 그럴 것이다. 다른 사람의 특출함을 인정하고 배우려는 마음을 가지면 그 사람의 특출함이 내게 배울 것으로, 성장할 것으로 다가와서 그렇게 불안하지는 않을 것이다.

1. 어젯밤 10시에 이교자 선교사님 댁에서 자고 깨워서 일어나 보니 12시다. 비행기 시간이 3시 44분이라 이교자 선교사님이 일어나서 가자고 한다. 부지런한 김정호 선교사님과 김용옥 선교사님은 벌써 아래층에 가서 차에서 기다리는 중이라고 한다. 2시간 동안 곤하게 잠을 잤다. 처음으로 서서 따뜻한 물로 목욕을 하게 되어서 피곤이 풀린 것 같다. 아이티에서 밤마다 땀으로 흠뻑 젖어 뒤척이던 일들이 생각나서 눈물이 나온다.

2. 밤새 닭 우는 소리, 개 짖는 소리가 들리지 않고 총소리도 들리지 않아서 너무 조용한 것 같아서 이상한 느낌이 들었다. 밤에는 모기, 파리가 물어서 계속 일어나야 하고 매캐한 쓰레기 태우는 냄새로 허파에 쓰레기가 쌓이는 것 같아 숨이 막혔는데 냄새가 나지 않는 공기를 마시니 너무 감격이다.

3. 비행장 식당에서 아메리카노 한 잔과 작은 빵을 먹었다. 커피 한 잔이 상쾌하게 향긋하고 깨끗하게 맛있다. 얼마만인가, 좋은 커피를 한 잔 마신 것이…. 깊은 감격이 온다. 긴 줄을 서너 번 지나서 비행기 게이트까지 오고 보니 긴장이 풀린다. 부드럽고 감미로운 커피 한 잔이 나를 행복하게

한다.
4. 어젯밤에 이교자 선교사님의 교회와 기숙사와 시설들을 돌아보았다. 그동안 이교자 선교사님 부부의 수고와 고난이 얼마나 컸을까 마음이 찡하다. 대학생들을 전도하며 떠나야 할 그들에게 모든 힘과 정열을 쏟아붓는 두 분이 훌륭하다.

자1. 깨지 않은 채로 비행장을 오면서 말이 나오지 않는다. 불평하는 말을 하지 않고 잠잠히 있는 내가 기특하다.
자2. 남편과 댄 장로님을 비행장에서 볼 것을 생각하니 마음이 기쁘다. 오랫동안 집을 떠나 있어서 보지 못한 남편은 매우 흥분한 것 같다. 집에서 조용히 푹 쉬고 내일은 행복한 주일로 교회 가족들을 볼 것이다. 그동안 기도하며 빨리 와 달라고 떼쓰는 그들이 고맙다.
자3. 아이티에서의 시간을 잘 마치고 건강하게 돌아가게 되어서 기특하다. 어젯밤에는 내가 여행을 견딜 수 있을까 걱정이 되었다. 오랜 시간을 모기장 안에서 살다 보니 근육이 빠지고 다리가 휘청거린다.

타1. 이교자 선교사님과 김정호 선교사님의 섬기는 일들이 고맙고 하나님의 사람들의 아름다움이 있어서 기쁘고 감사하다.
타2. 비행장에 나올 남편과 댄 장로님을 만날 생각을 하니까 벌써 가슴이 아리다. 거의 4주를 보지 못하였는데, 그들의 근심과 걱정이 몰려와서 눈물이 날 것 같다.
타3. 기도로 후원하며 눈물로 하나님께 탄원하신 귀한 분들에게 빚진 자가 된다. "그들에게 복을 주시고 하나님의 평강과 형통함을 주소서."

Part 2.
다림줄 말씀 묵상

역사서

당신들은 자신을 성결하게 하시오. 주님께서 내일 당신들 가운데서 놀라운 일을 이루실 것입니다.

오늘 나를 온전하게 하는 일에 힘쓰게 하소서.

여호수아가 이들 원주민을 조금도 불쌍하게 여기지 않고 전멸시켜서 희생 제물로 바친 까닭은, 주님께서 그 원주민들이 고집을 부리게 하시고, 이스라엘에 대항하여 싸우다가 망하도록 하셨기 때문이다. 그래서 여호수아는, 주님께서 모세에게 명령하신 대로 그들을 전멸시킨 것이다.

주님께서 계획하신 일들을 주의 종들을 통하여 행하게 하시니 우리에게 분별력을 주셔서 하나님의 음성을 듣게 하소서.

여호수아
14:11

모세가 나를 정탐꾼으로 보낼 때와 같이, 나는 오늘도 여전히 건강하며, 그때와 마찬가지로 지금도 힘이 넘쳐서, 전쟁하러 나가는 데나 출입하는 데에 아무런 불편이 없습니다.

옆에서 자꾸 '나이가 들어서'라고 힘들어하니 나도 그런 생각이 들어서 '이제 나도 너무 힘들게 하지 말자'라고 다짐했는데, 85세 갈렙의 말을 들으니 나 역시 아직도 힘이 넘쳐서 출입하는 데 지장이 없으므로 쓸데없는 곳에 신경 쓰지 말고 용감하게 나가자 생각하니 신이 납니다.

여호수아 23:3

당신들은 주 당신들의 하나님이 당신들의 편이 되시어 이 모든 이방 나라에게 어떻게 하셨는지, 그 모든 일을 잘 보셨습니다. 과연 주 당신들의 하나님은 당신들의 편이 되시어 싸우셨습니다.

하나님 편인 자들의 편에 서서 싸우시는 분이 우리와 함께하시니 걱정이 없습니다.

사사기
1:7

여호수아가 사는 날 동안과 여호수아 뒤에 생존한 장로들 곧 여호와께서 이스라엘을 위하여 행하신 모든 큰일을 본 자들이 사는 날 동안에 여호와를 섬겼더라.

하나님의 살아 계심을 경험하는 자만이 여호와를 섬길 수 있으니, 하나님을 경험하는 성도들이 되도록 도우소서.

그러나 주님의 천사는 마노아에게, 기다리라면 기다릴 수는 있으나 음식은 먹지 않겠다고 하면서, 마노아가 번제를 준비한다면, 그것은 마땅히 주님께 드려야 할 것이라고 말하였다. 마노아는 그가 주님의 천사라는 것을 전혀 알지 못하였다.

내가 주님의 일을 하고 영광을 받는 것이 마땅하지 않고 오직 주님께만 영광을 돌리는 것이 마땅하니, 주님의 천사의 지혜를 주소서.

베냐민 자손이 스스로 이르기를 이들이 처음과 같이 우리 앞에서 패한다 하나 이스라엘 자손은 이르기를 우리가 도망하여 그들을 성읍에서 큰 길로 꾀어내자 하고

두 번씩이나 큰 승리를 하였으나 이스라엘은 하나님 앞에 번제와 화목제를 드리고 세 번째 여호와께 묻는 것을 알지 못하는 베냐민은 결국 온 지파에 망하고 600명만 살았습니다. 어리석은 자가 자만하는 것이고, 패할지라도 하나님을 의뢰하는 것을 아는 자만이 참 평안을 지속할 수 있습니다.

살몬은 보아스를 낳고, 보아스는 오벳을 낳고, 오벳은 이새를 낳고, 이새는 다윗을 낳았다.

살몬에서부터 다윗이 태어나기까지 많은 이야기와 우여곡절이 있었습니다. 내가 태어나기까지 많은 이야기와 우여곡절이 있었습니다. 하나님의 역사하심에 감사와 영광을 돌립니다.

사무엘상
7:9

사무엘이 젖 먹는 어린양을 한 마리 가져다가 주님께 온전한 번제물로 바치고, 이스라엘을 구원하여 달라고 주님께 부르짖으니, 주님께서 그의 기도를 들어주셨다.

기도를 누가, 어떤 마음으로 드리는가가 중요합니다. 하나님의 말씀을 준행하며 순종하는 기도를 주님께서는 들어주십니다. 주님과 동행하는 주님의 마음을 따라 사는 자가 되게 하소서.

예언서

내가 진실한 증인 우리야 제사장과 여베레기야의 아들 스가랴를 불러 증언하게 하겠다.

하나님께서 부르시고 쓰시는 사람은 진실하고, 증인이 되어 증언하게 하시는 사람입니다. 세상 사람들은 하나님 앞에 진실하고 증인이 되는 일을 못하게 하기 위하여 세상의 생각으로 사람을 몰아붙입니다. 주의 일에 진실하며 증인 되어 증언하게 하시는 일은 경험한 사람들만 할 수 있습니다.

이사야
10:12

그러므로 주님께서 시온 산과 예루살렘에서 하실 일을 다 이루시고 말씀하실 것이다. "내가 앗시리아 왕을 벌하겠다. 멋대로 거드름을 피우며, 모든 사람을 업신여기는 그 교만을 벌하겠다."

하나님께서 악인을 들어 자기의 백성들에게 벌을 주실지라도, 악인도 하나님께 영광을 돌리지 않고 거만하고 업신여기고 교만하면 망하게 됩니다. 악한 것을 버리고 거짓된 것에 마음을 두지 맙시다. 세상에 거짓된 것과 악한 것이 많아 보이는 것으로 하나님께 핑계하지 맙시다.

그날이 오면, 너희는 또 이렇게 찬송할 것이다. "주님께 감사하여라. 그의 이름을 불러라. 그가 하신 일을 만민에게 알리며, 그의 높은 이름을 선포하여라."

주님을 아는 자는 저절로 기쁨으로 그의 이름을 만민에게 선포할 것입니다. 나에게 말할 수 없는 기쁜 일이 생기면 그 일을 감추지 못하고 누군가에게 전달하고 싶어 하는 것처럼 주님이 나에게 하신 일을 알고 깨닫는 자는 그 일을 숨기지 못할 것입니다. 우리는 주님 앞에서 체면을 차리지 않습니다. 어린아이가 됩니다. 주님이 하시는 일이 매일 새롭습니다. 엄청난 선물을 매일 받는 것과 같이 새날을 맞이하게 됩니다. 그 선물을 받아서 어떻게 사용할 것인가는 그 선물이 무엇인가를 아는 만큼입니다. 오늘이 주님을 향한 감격의 날이 되게 하소서.

그때에 만군의 주님께서 예물을 받으실 것이다. 강물이 여러 갈래로 나뉘어 흐르는 땅, 거기에 사는 민족, 곧 키가 매우 크고 근육이 매끄러운 백성, 멀리서도 두려움을 주고 적을 짓밟는 강대국 백성이 만군의 주님께 드릴 예물을 가지고, 만군의 주님의 이름으로 일컫는 곳 시온 산으로 올 것이다.

힘으로 하나님을 좌지우지하는 것이 아니라 예수 그리스도를 아는 자는 겸손하여 그 앞에 예물을 드리며 무릎을 꿇을 것입니다. 온 만물의 주인 되시는 분을 내가 섬기며 그의 아름다운 이름을 부르니 내가 복됩니다. 나의 기초가 악하되 하나님께서 우리 주 예수 그리스도로 말미암아 그 악을 제하시고 성령의 내주하심으로 선한 마음을 주시니 은혜입니다. 주로 말미암아 온전한 사람이 되어 나의 영혼이 맑아지고 나의 온몸이 깨끗함을 받았으니 나의 영혼이, 나의 몸이 주님을 송축하며 그 이름을 찬송합니다.

이사야
19:25

만군의 주님께서 이 세 나라에 복을 주며 이르시기를 "나의 백성 이집트야, 나의 손으로 지은 앗시리아야, 나의 소유 이스라엘아, 복을 받아라" 하실 것이다.

모든 세계가 하나님께 속하였고 하나님은 자기 손으로 지은 모든 자에게 복 주기를 원하십니다. 차별하지 말고 하나님을 바라며 겸손해야 합니다. 요한이서 1절을 보면 사랑하되 진리로 사랑하게 하십니다. 내 생각이나 내 진심은 완전하지 못하고 나를 좌절하고 낙심하게 만듭니다. 내가 새롭게 되고 내가 기쁨으로 지속적인 섬김을 하기 위해서는 나의 마음을 다하고 진심을 다해서가 아니라 진리 되신 그리스도로 말미암아서만이 불변하는 온전함으로 하게 됩니다. 나의 기준을 예수 그리스도로 정하고 바르게 걸어야 합니다. 바른 사귐을 누려야 합니다.

이사야 22:10-11

예루살렘에 있는 집의 수를 세어 보고는, 더러는 허물어다가, 뚫린 성벽을 막았다. 또한 '옛 못'에 물을 대려고 두 성벽 사이에 저수지를 만들기도 하였다. 그러나 너희는 일이 이렇게 되도록 하신 분을 의지하지 않고, 이 일을 옛적부터 계획하신 분에게는 관심도 없었다.

나는 문제를 만났을 때 문제 해결을 위해 노력하지만 하나님께서 무엇을 원하시는지는 생각하지 않습니다. 열심을 내어도 도리어 허무는 어리석은 자가 될 수도 있으니, 하나님은 자기의 계획하신 바를 바꾸지 않으시니 내가 바꾸는 것이 중요합니다. 하나님께서 원하시는 방향으로 나를 틀 때 내 영혼은 쉼을 얻을 것입니다.

이사야 26:3

주님, 주님께 의지하는 사람들은 늘 한결같은 마음을 가진 사람들이니, 그들에게 평화에 평화를 더하여 주시기 바랍니다.

사람이 한결같은 마음을 가지는 것이 힘듭니다. 그래서 주님을 의지하고 끝까지 가지를 못합니다. 언제, 어떻게 사람의 마음이 바뀔지 모르는 의문 속에서 살아갑니다. 그러나 몇 사람이라도 한결같은 마음을 가진 사람들이 있습니다. 그들로 인하여 힘을 얻게 되고 목회도 지속하게 되는 것 같습니다. 사람의 마음도 위로를 얻는데 하나님은 어떠실까요?

이사야 29:7-8

아리엘을 치는 모든 나라의 무리와 그의 요새들을 공격하여 그를 괴롭히는 자들 모두가, 마치 꿈을 꾸는 것처럼, 밤의 환상을 보는 것처럼, 헛수고를 할 것이다. 마치 굶주린 자가 꿈에 먹기는 하나, 깨어나면 더욱 허기를 느끼듯이, 목마른 자가 꿈에 마시기는 하나, 깨어나면 더욱 지쳐서 갈증을 느끼듯이, 시온 산을 치는 모든 나라의 무리가 그러할 것이다.

허상을 바라보고 사는 인생이 되지 말고 진리를 향해 반석 위에 단단히 서는 자가 되어야 합니다.

이사야
29:19-20

천한 사람들이 주님 안에서 더없이 기뻐하며 사람들 가운데 가난한 사람들이 이스라엘의 거룩하신 분 안에서 즐거워할 것이다. 포악한 자는 사라질 것이다. 비웃는 사람은 자취를 감출 것이다. 죄지을 기회를 엿보던 자들이 모두 끝장날 것이다.

하나님께서는 포악을 행하는 자 아래에서 괴롭힘을 당하고 비웃음을 당하는 천하고 가난한 사람들을 불쌍히 여기십니다. 내가 포악하고 괴롭히는 갑이 되지 말고 차라리 억울함을 당하는 것이 주 안에서 더 복될 것입니다. 나를 그렇게 대하는 사람에게 화를 내지 말고 불쌍히 여겨야 합니다. 그들은 하나님 앞에서 모두 끝장날 것이기 때문입니다.

이사야
31:6

이스라엘의 자손아, 너희가 그토록 거역하던 그분께로 돌이켜라.

나는 늘 모자라는 자이나 주님은 늘 부르시니 그 은혜의 깊음이 한이 없습니다.

이사야
34:16-17

주님의 책을 자세히 읽어 보아라. 이 짐승들 가운데서 어느 것 하나 빠지는 것이 없겠고, 하나도 그 짝이 없는 짐승은 없을 것이다. 주님께서 친히 입을 열어 그렇게 되라고 명하셨고 주님의 영이 친히 그 짐승들을 모으실 것이기 때문이다. 주님께서 친히 그 짐승들에게 땅을 나누어 주시고, 손수 줄을 그어서 그렇게 나누어 주실 것이니, 그 짐승들이 영원히 그 땅을 차지할 것이며, 세세토록 거기에서 살 것이다.

하나님의 섭리를 바꿀 자가 이 세상에는 없습니다. 하나님께서 모든 만물을 만드실 때 그것들의 적재적소를 완벽하게 만드셨습니다. 그 밸런스가 맞을 때 천국이 되는 것입니다. 그 밸런스가 무너질 때 불균형이 생깁니다. 우리가 잘하는 것처럼 많이 만들기도 하고 적게 만들기도 하고 우리의 욕망을 따라 무너뜨릴 때, 세상은 균열이 생기고 무너지기 시작합니다. 그러나 하나님은 그것을 회복시키기 위해서, 우리는 이해되지 않지만 지속적으로 일하십니다.

이사야
35:8-9

거기에는 큰길이 생길 것이니, 그것을 '거룩한 길'이라고 부를 것이다. 깨끗하지 못한 자는 그리로 다닐 수 없다. 그 길은 오직 그리로 다닐 수 있는 사람들의 것이다. 악한 사람은 그 길로 다닐 수 없고, 어리석은 사람은 그 길에서 서성거리지도 못할 것이다. 거기에는 사자가 없고, 사나운 짐승도 그리로 지나다니지 않을 것이다. 그 길에는 그런 짐승들은 없을 것이다. 오직 구원받은 사람만이 그 길을 따라 고향으로 갈 것이다.

악하고 어리석은 사람은 자기의 고향으로 돌아가는 길을 찾지 못하고 세상에서 사나운 짐승들에게 먹히고 말 것입니다. 사람이 어리석어 사망에 이르니 하나님을 거부하는 자의 허망함입니다.

주 우리의 하나님, 이제 그의 손에서 우리를 구원하여 주셔서, 세상의 모든 나라가, 오직 주님만이 홀로 주 하나님이심을 알게 하여 주십시오.

어떤 일이 있을지라도 나의 주 하나님이 나를 지키시는 자이시며, 억울한 일을 당할지라도 주께서 내 편이시니 누구를 두려워하리요. 주 하나님은 나의 구원자이시니, 내가 평안히 살리라.

이사야
40:29-31

피곤한 사람에게 힘을 주시며, 기운을 잃은 사람에게 기력을 주시는 분이시다. 비록 젊은이들이 피곤하여 지치고, 장정들이 맥없이 비틀거려도, 오직 주님을 소망으로 삼는 사람은 새 힘을 얻으리니, 독수리가 날개를 치며 솟아오르듯 올라갈 것이요, 뛰어도 지치지 않으며, 걸어도 피곤하지 않을 것이다.

내가 밤에 피곤하여 지치고 낙심할지라도, 새벽마다 주님을 소망함으로 새 힘을 주시고 새 능력을 주시는 주님은 끝난 것 같은 나에게 새 소망을 갖게 하시며 위로하시니 감사합니다.

악한 자는 그 길을 버리고, 불의한 자는 그 생각을 버리고, 주님께 돌아오너라. 주님께서 그에게 긍휼을 베푸실 것이다. 우리의 하나님께로 돌아오너라. 주님께서 너그럽게 용서하여 주실 것이다. "나의 생각은 너희의 생각과 다르며, 너희의 길은 나의 길과 다르다." 주님께서 하신 말씀이다.

하나님께서 완전한 자를 부르시는 것이 아니라 악한 자와 불의한 자를 부르십니다. 그리고 긍휼을 베푸셔서 너그럽게 용서하여 주십니다. 하나님의 생각은 내 생각과 다르며 하나님께서 나를 바라보는 길은 내가 바라보는 나의 길과 다릅니다. 그럼에도 불구하고 부르시는 분은 영광을 받으소서. 악하고 불의한 자를 부르셔서 사용하시고 기뻐하심은 아무도 할 수 없고 나도 할 수 없는 일을 주께서 부르셔서 새 영을 부으시고 새 마음을 주셔서 새 몸으로 주님이 사용해 주심입니다.

네가 너의 정성을 굶주린 사람에게 쏟으며, 불쌍한 자의 소원을 충족시켜 주면, 너의 빛이 어둠 가운데서 나타나며, 캄캄한 밤이 오히려 대낮같이 될 것이다.

금식을 하는 일은 중요하지만 올바른 금식이 되지 않으면 도리어 교만하기 쉽습니다. 금식하면서 굶주린 사람, 불쌍한 자를 도우면 하나님께서 도우시면서 나의 힘이 되신다고 하였는데, 금식하지 않을지라도 하면 주님의 기쁨이 됩니다. 주님의 마음이 있는 곳에 내 마음도 있게 하소서. 말씀에 굶주리고 불쌍한 사람의 마음을 긍휼히 여기는 마음을 주소서. 그들이 굶주리고 알지 못하여 대적하니 내게 용기와 긍휼한 마음을 주셔서 주님의 긍휼함을 전하게 하소서.

이사야 65:1-2

"나는 내 백성의 기도에 응답할 준비를 하고 있었지만, 내 백성은 아직도 내게 요청하지 않았다. 누구든지 나를 찾으면, 언제든지 만나려고 준비를 하고 있었지만, 아무도 나를 찾지 않았다. 내 이름을 부르지도 않던 나라에게, 나는 '보아라, 나 여기 있다. 보아라, 나 여기 있다' 하고 말하였다. 제멋대로 가며 악한 길로 가는 반역하는 저 백성을 맞이하려고, 내가 종일 팔을 벌리고 있었다.

하나님께서는 준비하고 계셨고 기다리고 계셨지만 나는 무시하고 내 길을 갔습니다. 나의 보지 못함을 용서하소서. 주의 앞에 서 있는 것 같지만 멀리 있음을 용서하소서.

이사야 66:1-2

주님께서 이렇게 말씀하신다. "하늘은 나의 보좌요, 땅은 나의 발 받침대다. 그러니 너희가 어떻게 내가 살 집을 짓겠으며, 어느 곳에다가 나를 쉬게 하겠느냐?" 주님의 말씀이시다. "나의 손이 이 모든 것을 지었으며, 이 모든 것이 나의 것이다. 겸손한 사람, 회개하는 사람, 나를 경외하고 복종하는 사람, 바로 이런 사람을 내가 좋아한다."

온 세상을 지으신 분이 좋아하는 사람이 있습니다. 겸손하고 회개하고 하나님을 경외하고 복종하는 사람입니다. 무서워서가 아니라 사랑하면 하나님이 좋아하는 사람이 됩니다.

예레미야 1:5-7

"내가 너를 모태에서 짓기도 전에 너를 선택하고, 네가 태어나기도 전에 너를 거룩하게 구별해서, 뭇 민족에게 보낼 예언자로 세웠다." 내가 아뢰었다. "아닙니다. 주 나의 하나님, 저는 말을 잘 할 줄 모릅니다. 저는 아직 너무나 어립니다." 그러나 주님께서 나에게 말씀하셨다. "너는 아직 너무나 어리다고 말하지 말아라. 내가 너를 누구에게 보내든지 너는 그에게로 가고, 내가 너에게 무슨 명을 내리든지 너는 그대로 말하여라."

하나님의 억울함을 누가 알겠습니까. 나는 미련하여 나의 모자람만을 생각하고 하나님께 순종하지 않고 내 고집을 내세우며 염려를 하고 걱정을 하기도 합니다. 주님의 마음을 주셔서 말씀으로 깨닫게 하시고 새롭게 하소서.

예레미야 4:8

그러므로 너희 이스라엘 백성아, 굵은 베옷을 허리에 두르고 '과연 주님의 맹렬한 분노가 아직도 우리에게서 떠나가지 않았구나!' 하고 탄식하며, 슬피 울어라.

재앙이 닥쳤을 때 회개해야 하는 이유를 설명해 주시니 감사합니다. 내가 내 죄를 자백하고 주님께 돌아오기를 원하시고 용서하기를 원하셔서 맹렬히 노하시니 나의 깨닫지 못하고 원망함을 용서하소서. 나는 욕심이 많고 참는 일에 더디고 미련하기가 끝이 없으니, 먼저 나를 돌아보며 슬퍼하게 하시고 탄식하게 하시니 주님의 사랑이 크심입니다.

예레미야 9:23-24

"나 주가 말한다. 지혜 있는 사람은 자기의 지혜를 자랑하지 말아라. 용사는 자기의 힘을 자랑하지 말아라. 부자는 자기의 재산을 자랑하지 말아라. 오직 자랑하고 싶은 사람은, 이것을 자랑하여라. 나를 아는 것과, 나 주가 긍휼과 공평과 공의를 세상에 실현하는 하나님인 것과, 내가 이런 일 하기를 좋아한다는 것을, 깨달아 알 만한 지혜를 가지게 되었음을, 자랑하여라. 나 주의 말이다."

하나님께서 원하시는 것은 세상에 긍휼과 공평과 공의를 실현하는 것입니다. 그것을 아는 지혜를 가진 것을 자랑하라는 말은 그것을 보이라는 뜻입니다. 내가 좇는 것이 아는 것만으로 지혜롭다라고 스스로 자랑하지 않게 하소서. 주의 긍휼과 공평과 공의를 깨달아 실행하며 살게 하소서.

예레미야
28:15-17

예언자 예레미야는 예언자 하나냐에게 말하였다. "하나냐는 똑똑히 들으시오. 주님께서는 당신을 예언자로 보내지 않으셨는데도, 당신은 이 백성에게 거짓을 믿도록 하였소. 그러므로 주님께서 이렇게 말씀하셨소. '내가 너를 이 지면에서 영영 없애 버릴 것이니, 금년에 네가 죽을 것이다. 네가 나 주를 거역하는 말을 하였기 때문이다.'" 예언자 하나냐가 바로 그해 일곱째 달에 죽었다.

하나냐는 아마도 잘나가는 선지자로, 모든 사람들에게 인기가 있었을 것입니다. 사람들은 자신의 마음에 맞게 말해 주는 리더를 좋아합니다. 그 이유는 그 리더가 그들의 욕심과 죄악을 부추기기 때문입니다. 사람들에게 인기가 없고 미움을 받더라도, 사람들을 격려하고 위로하되, 악한 것에 대해서는 가슴 아파하고 슬퍼하는 사람이 되게 하소서. 하나냐와 같은 거짓 선지자가 아니라, 예레미야처럼 우물 속에 갇힌 것 같은 답답함과 고독함을 느낄지라도 하나님의 운행하심을 기다리며 기도하게 하소서.

예레미야
29:7-10

또 너희는, 내가 사로잡혀 가게 한 그 성읍이 평안을 누리도록 노력하고, 그 성읍이 번영하도록 나 주에게 기도하여라. 그 성읍이 평안해야, 너희도 평안할 것이기 때문이다. 나 만군의 주, 이스라엘의 하나님이 분명히 말한다. 너희는 지금 너희 가운데 있는 예언자들에게 속지 말고, 점쟁이들에게도 속지 말고, 꿈쟁이들의 꿈 이야기도 곧이듣지 말아라. 그들은 단지 나의 이름을 팔아서 너희에게 거짓 예언을 하고 있을 뿐이다. 그들은 내가 보낸 자들이 아니다. 나 주의 말이다. 나 주가 분명히 말한다. 너희가 바빌로니아에서 칠십 년을 다 채우고 나면, 내가 너희를 돌아보아, 너희를 이곳으로 다시 데리고 오기로 한 나의 은혜로운 약속을 너희에게 그대로 이루어 주겠다.

하나님께서 하시는 일에 대해 불평할 수 없습니다. 나에게 주어진 일들을 묵묵히 수용해야 합니다. 이는 하나님께서 나를 심판하기 위해서가 아니라, 이 세상을 새롭게 세우기 위해 일하고 계시기 때문입니다.

믿음으로 산다는 것은 거대한 능력을 보여주는 것이 아니라, 나에게 주어진 자리에서 겸손하게 맡은 바를 성실히 수행하는 것입니다.

예레미야 29:8-9

나 만군의 주, 이스라엘의 하나님이 분명히 말한다. 너희는 지금 너희 가운데 있는 예언자들에게 속지 말고, 점쟁이들에게도 속지 말고, 꿈쟁이들의 꿈 이야기도 곧이듣지 말아라. 그들은 단지 나의 이름을 팔아서 너희에게 거짓 예언을 하고 있을 뿐이다. 그들은 내가 보낸 자들이 아니다. 나 주의 말이다.

한국 사람들이 많이 사는 카운티 도서관에서 한 한국 점쟁이가 점을 치는데, 예약이 많아 점을 치기 위해 오랜 시간을 기다려야 한다고 합니다. 그중 많은 사람들이 교회에 다니고, 집사님이나 권사님들도 포함되어 있다고 합니다.

이렇게 공개적으로 드러난 일이 있다는 것은, 보이지 않게 일어나는 일들도 많다는 것을 의미할 것입니다. 이것은 빙산의 일각일 뿐입니다.

점쟁이들만 아니라 예수 그리스도의 이름을 팔아서 거짓 예언을 하는 사람들도 없지 않을 것입니다. 예수 그리스도가 주인이 되지 못한 삶의 불안으로 인해 사람들은 헛된 것을 찾으며, 거짓된 것이라도 잘 살 수 있다고 하면 무조건 믿으려 합니다.

따라서 나의 삶의 모든 부분을 돌아보면서, 하나님 보시기에 악한 부분들을 잘라내기를 기도합니다.

예레미야 31:33-34

그러나 그 시절이 지난 뒤에, 내가 이스라엘 가문과 언약을 세울 것이니, 나는 나의 율법을 그들의 가슴 속에 넣어 주며, 그들의 마음 판에 새겨 기록하여, 나는 그들의 하나님이 되고, 그들은 나의 백성이 될 것이다. 나 주의 말이다. 그때에는 이웃이나 동포끼리 서로 '너는 주님을 알아라' 하지 않을 것이니, 이것은 작은 사람으로부터 큰 사람에 이르기까지, 그들이 모두 나를 알 것이기 때문이다. 내가 그들의 허물을 용서하고, 그들의 죄를 다시는 기억하지 않겠다. 나 주의 말이다.

하나님께서는 새로운 언약을 세우겠다고 약속하십니다. 이제는 율법을 돌판에 새기지 않고, 각 사람의 마음판에 새겨 주실 것입니다. 하나님께서 주 예수 그리스도로 말미암아 그의 율법을 우리의 가슴 속에 넣어 주시고, 성령을 우리 안에 보내 주셔서, 오직 성령을 모신 자만이 주의 말씀을 지킬 수 있습니다. 예수 그리스도를 영접

한 자만이 주 성령께서 그 안에 들어가셔서 영원히 함께하실 것이기 때문입니다. 주 예수 그리스도로 말미암아 죄 사함 받은 자는 그 허물을 용서받고 죄가 지워질 것입니다. 새롭게 된 우리 영혼은 주의 법을 기뻐하며 날마다 주의 이름을 높일 것입니다.

예레미야
34:16-17

그러나 너희가 또 돌아서서 내 이름을 더럽혀 놓았다. 너희가 각자의 남종과 여종들을 풀어 주어, 그들이 마음대로 자유인이 되게 하였으나, 너희는 다시 그들을 데려다가, 너희의 남종과 여종으로 부리고 있다. 그러므로 나 주가 말한다. 너희는 모두 너희의 친척, 너희의 동포에게 자유를 선언하라는 나의 명령을 듣지 않았다. 그러므로 보아라, 나도 너희에게 자유를 선언하여 너희가 전쟁과 염병과 기근으로 죽게 할 것이니, 세상의 모든 민족이 이것을 보고 무서워 떨 것이다. 나 주가 하는 말이다.

예레미야의 말씀을 통하여 내 속에 형제를 압박하고 용서하지 못한 것이 있음을 깨닫게 하시고 회개하게 하소서. 주님의 말씀을 알고도 실천하지 않아 내 마음 속에 감옥을 만들어 놓았으니, 불쌍히 여기사 주님의 마음을 알게 하소서.
주께서 나의 죄를 용서하시고 나에게 자유를 주셨지만, 주의 은혜를 알지 못하고 다른 사람을 얽매는 어리석은 자가 되었음을 고백합니다. 주께 속한 자가 되어 복을 누리고 영생을 얻는 것이 진정한 행복임을 믿습니다. 주께서 "나도 너희에게 자유를 선언하여"라고 말씀하시면, 저는 어디로 가겠습니까? 주님께서 지키시지 않으면 저는 마귀의 손에 맡겨져 죽을 수밖에 없습니다. 나의 죄를 회개하고 형제를 속박하지 않으며, 주의 손에 맡겨져 참된 자유를 누리게 하소서.

예레미야 35:5-6

거기에서 내가 레갑 가문 사람들에게 포도주가 가득 찬 단지와 잔들을 내놓고 "포도주를 드시지요" 하며, 그들에게 권하였다. 그러나 그들은 이렇게 대답하였다. "우리는 포도주를 마시지 않습니다. 우리의 조상 레갑의 아들 요나답께서 우리에게 분부하셨습니다. '너희는 포도주를 마시지 말아라. 너희뿐만 아니라 너희 자손도 절대로 마셔서는 안 된다.'"

레갑 가문 사람들을 시험한 것은 예레미야가 아니라 하나님이셨습니다. 하나님이 말씀하셨다고 예레미야가 외치고 울었어도 이스라엘은 듣지 않았습니다. 하지만 레갑 사람들은 예레미야가 권하였어도, 250년 전 조상 요나답이 한 말씀을 지키기 위해 거절했습니다.

모세의 장인 이드로의 후손으로 보이는 겐 족속에서 나온 요나답은 이스라엘 백성, 즉 선민이 아니었지만 하나님의 말씀을 소중히 여겨 지키기를 원했습니다. 그는 예후를 도와 새로운 나라를 꿈꾸었지만 이루어지지 않았습니다. 그러나 그는 하나님의 말씀을 지켜 나가기 위해 자손들에게 집과 포도원을 소유하지 말고 포도주를 마시지 말라고 하여, 세속적인 삶에서 자유롭게 되기를 원했습니다.
오늘, 나에게 달콤하게 다가오는 유혹을 완강히 불리질 수 있도록, 하나님께서 주신 말씀을 지키는 분별력을 허락하소서.

예레미야
36:29-30

유다 왕 여호야김에게 주님의 말을 전하라고 하셨다. "나 주가 말한다. 너는 예레미야에게 '왜 두루마리에다가, 바빌로니아 왕이 틀림없이 와서 이 땅을 멸망시키고 사람과 짐승을 이 땅에서 멸절시킬 것이라고 기록하였느냐' 하고 묻고는, 그 두루마리를 태워 버렸다. 그러므로 유다 왕 여호야김을 두고서 나 주가 말한다. '그의 자손 가운데는 다윗의 왕좌에 앉을 사람이 없을 것이요, 그의 시체는 무더운 낮에도 추운 밤에도, 바깥에 버려져 뒹굴 것이다.'"

하나님의 말씀을 태운다고 해서 그 말씀이 사라지지 않으며, 오히려 나의 죄만 더할 뿐입니다. 하나님의 말씀을 피하려고 하면 벌이 가중될 것입니다. 나의 죄가 주홍같이 붉을지라도 눈과 같이 희게 하신다는 말씀을 믿는다면, 나의 죄가 피와 같이 붉을지라도 예수 그리스도의 십자가 보혈로 깨끗하게 된다는 것을 믿는다면, 또한 심판의 말씀이 있기에 속죄의 말씀이 유효함을 어찌 믿지 않을 수 있겠습니까? 심판의 말씀을 믿지 않으면 속죄의 말씀도 믿지 않는 것입니다.

예레미야
44:26-28

그러나 이집트 땅에 사는 유다 사람들아, 너희는 모두 나 주의 말을 들어라. 나 주가 말한다. 내가 나의 큰 이름을 걸고 맹세한다. 이집트 온 땅에 있는 어떤 유다 사람이든지, 이제는, 주님의 살아 계심을 두고 맹세한다 하면서 나의 이름을 부르지 못하게 하겠다. 이제는 내가, 그들을 지켜보겠다. 복을 내리려고 지켜보는 것이 아니라 재앙을 내리려고 지켜보겠다. 그래서 이집트 땅에 있는 모든 유다 사람이 멸종될 때까지, 전쟁과 기근으로 그들을 죽이겠다. 전쟁을 피하여 이집트 땅을 벗어나 유다 땅으로 돌아갈 사람의 수는, 매우 적을 것이다. 이집트 땅에 머물려고 내려간 유다의 살아남은 모든 사람이, 나의 말과 저희들의 말 가운데서 누구의 말대로 되었는가를 알게 될 것이다.

하나님께서 이집트로 내려가지 말라는 말씀을 하셨지만, 유다 사람들은 그 말씀을 듣지 않고 모든 사람을 부추겨 이집트로 내려갔습니다. 하나님은 그곳에서 유다 백성이 전쟁과 기근이 계속되어 멸종될 때까지 고통을 겪게 될 것이라고 하셨습니다. 그러나 하나님이 주신 땅, 이스라엘로 돌아간 사람들은 살아서 그 말씀이 그대로 이루어지는 것을 보게 될 것입니다.

예레미야가 말씀을 전하며 애원할지라도 듣지 않은 사람들의 말로는 참으로 비참했습니다. 오늘날 사람들도 자신의 고집대로 믿는 사람들이 주축이 된 세대입니다. 나는 하나님의 약속을 믿고 주님께로 돌이켜 향하기를 원합니다. 예레미야에게 말씀하신 하나님의 말씀이 나의 심령에 울림이 되어, 그 길을 걸어가게 하소서.

예레미야 46:16, 27-28

너희의 많은 군인들이 비틀거리고 쓰러져 죽으면서 서로 말하기를 '어서 일어나서, 우리 민족에게로 돌아가자. 이 무서운 전쟁을 피하여 우리의 고향 땅으로 돌아가자' 하였다.…나의 종 야곱아, 너는 두려워하지 말아라. 이스라엘아, 너는 무서워하지 말아라. 내가 너를 먼 곳에서 구원하여 데려오고, 포로로 잡혀간 땅에서 너의 자손을 구원할 것이니, 야곱이 고향으로 돌아와서 평안하고 안정되게 살 것이며, 아무런 위협도 받지 않고 살 것이다. 나 주의 말이다. 나의 종 야곱아, 너는 두려워하지 말아라. 내가 너와 함께 있다. 내가 너를 쫓아 여러 나라로 흩어 버렸지만, 이제는 내가 그 모든 나라를 멸망시키겠다. 그러나 너만은 내가 멸망시키지 않고, 법에 따라서 징계하겠다. 나는 절대로, 네가 벌을 면하게 하지는 않겠다.

하나님께서는 우리의 죄가 아무리 클지라도 다시 돌아오게 하시기 위해서 온 세상을 주관하시고 회복되기를 원하십니다. 우리가 예수

Part 2. 다림줄 말씀 묵상

그리스도의 십자가의 대속으로 회개함으로 죄사함을 받았을지라도 법에 따라서 징계를 면할 수는 없습니다. 나를 방종하지 않게 하심을 감사드립니다.

예레미야
49:13-16

"참으로 내가 나를 두고 맹세한다. 나 주의 말이다. 보스라는 폐허가 되어, 놀라움과 조소와 저주의 대상이 되며, 거기에 딸린 모든 성읍도 영원히 폐허로 남을 것이다." 주님께서 세계 만민에게 특사를 파견하시면서 하시는 말씀을 내가 들었다. '너희는 모여서 에돔으로 몰려가서 그를 쳐라. 너희는 일어나서 싸워라' 하셨다. "에돔아, 보아라, 이제 내가 너를 세계 만민 가운데서 가장 하찮은 자로 만들어서, 사람들에게서 멸시를 받게 하겠다. 네가 바위틈 속에 자리잡고 살며, 산꼭대기를 차지하고 산다고, 누구나 너를 무서워한다고 생각하지 말아라. 그러한 너의 교만은 너 스스로를 속일 뿐이다. 네가 아무리 독수리처럼 높은 곳에 네 보금자리를 만들어 놓아도, 내가 너를 거기에서 끌어내리겠다. 나 주의 말이다."

나라의 흥망성쇠는 하나님의 손에 달려 있습니다. 하나님을 알지 못하고 교만하여 하나님을 멸시하는 자가 주관하는 나라는 반드시 망할 것이며, 가장 하찮은 자들이 사는 나라로 변할 것입니다. 내가 아무리 잘나도 교만하면, 하나님께서 나를 끌어내리시겠다고 하시니, 주님, 저에게 지혜와 총명과 명철이 하나님께로부터 오심을 알게 하시고, 그것들로 하나님을 바라보는 법을 배우게 하소서.

예레미야 51:16-20

주님께서 호령을 하시면, 하늘에서 물이 출렁이고, 땅 끝에서 먹구름이 올라온다. 주님은 번개를 일으켜 비를 내리시며, 바람 창고에서 바람을 내보내신다. 사람은 누구나 어리석고 무식하다. 금속을 부어서 만든 신상들은 거짓이요, 그것들 속에 생명이 없으니, 은장이들은 자기들이 만든 신상 때문에 모두 수치를 당하고야 만다. 금속을 부어서 만든 신상들은 속임수요, 그것들 속에는 생명이 없으니, 그것들은 허황된 것이요, 조롱거리에 지나지 않아서, 벌 받을 때에는 모두 멸망할 수밖에 없다. 그러나 야곱의 분깃이신 주님은 그런 것들과는 전혀 다르시다. 그분은 만물의 조성자이시요, 이스라엘을 당신의 소유로 삼으신 분이시다. 그분의 이름은 '만군의 주'이시다. "너는 나의 철퇴요, 나의 무기다. 나는 너를 시켜서 뭇 민족을 산산이 부수고, 뭇 나라를 멸망시켰다."

이스라엘을 하나님의 소유물로 삼으시고 그들이 범죄했을 때 바벨론을 사용하셔서 이스라엘을 산산이 부수고 멸망시키신 분이, 이제 바벨론의 교만을 보고 앞으로 일어날 다니엘 5장의 바벨론의 멸망을 예언하십니다. 이는 하나님의 소유물을 하나님의 나라로 돌려보내기 위함입니다.

나의 삶에서 내가 믿고 의지했던 세상이 무너지는 것은 이제 주의 나라 백성으로서 돌아가 예루살렘 성을 쌓을 때가 가까이 왔음을 암시합니다. 하나님의 성전을 세우고 성벽을 보수할 때가 가까이 오고 있습니다. 하나님께 신령과 진정으로 예배드리는 성전을 향한 마음이 회복되는 단계입니다. 나의 삶에서 예배가 무너졌다면, 바벨론에게 침략을 받아 빼앗겼다면, 이제 하나님께서 바벨론을 멸망시키심으로써 나를 낙망케 하시는 것이 아니라 새로운 기회를 주셔서 예배의 회복을 주시는 것입니다. 주님을 향한 예배를 기다리며 달려가는 회복의 기회를 매주 누리게 하소서.

내 백성의 도성이 파멸되니,
나의 눈에서 눈물이 냇물처럼 흐릅니다.
눈물이 걷잡을 수 없이 쉬지 않고 쏟아집니다.
주님께서 하늘에서 살피시고, 돌아보시기를 기다립니다.

내가 하나님의 법도를 따라 지켰다 하더라도 내가 살고 있는 나라가 하나님의 법도를 업신여기고 지키지 않으면 나만 평안히 살 수는 없습니다.
예레미야는 하나님의 말씀을 목숨 걸고 선포했지만, 결국 감옥에 갇히고 억울한 고난을 계속해서 당할 수밖에 없었습니다. 그들이 하나님의 말씀을 경히 여기고 거짓 선지자들의 거짓 예언에 속았기 때문입니다. 이 나라의 평안을 기도하는 것보다, 이 나라의 부패한 지도

자들이 아직 기회가 있을 때 마음을 돌이켜 하나님의 말씀이 이 나라를 다시 일으키시기를 기도합니다.

어젯밤에는 열대성 폭풍이 지나가면서 많은 비를 뿌렸습니다. 그 덕분에 자라지 않던 오이가 밤새 쑥 자라 훌륭한 모습으로 매달려 있었습니다. 하룻밤의 비로 목마른 식물들이 활기를 찾은 것입니다.
잠시 잠깐이라도 뿌려지는 복음의 비가 위스콘신에 있는 북미 원주민들의 죽어가는 목마른 영혼들을 살리는 아름다운 열대성 폭풍이 되어 그곳에 부흥의 물결이 흐르기를 기도합니다. 아직도 북미 원주민들의 원한이 이 땅의 그리스도인들에게 깊이 새겨져 있다면, 이 나라가 어떻게 평안을 누리겠습니까? 하나님께서 저들의 마음을 녹여 주셔서 용서하는 마음이 생기게 하시고, 이제 초대 백인 그리스도인들의 만행으로 땅을 빼앗기고 살상을 당하고 강제 이주를 당하며 아이들을 빼앗기고 철저히 원수가 되었던 자들이 회개하게 하시며, 예수 그리스도로 인해 회복될 수 있도록 돕게 하소서. 이번 11년째 하는 선교 여행에 성령의 바람이 불게 하소서.

에스겔
8: 14, 17-18

그리고 나서 그는 나를 주님의 성전으로 들어가는 북문 어귀로 데리고 가셨다. 그런데 이것이 웬일인가! 그곳에는 여인들이 앉아서 담무스 신을 애도하고 있지 않은가!…그가 나에게 말씀하셨다. "사람아, 네가 잘 보았느냐? 유다 족속이 여기서 하고 있는, 저렇게 역겨운 일을 작은 일이라고 하겠느냐? 그런데도 그들은 온 나라를 폭력으로 가득 채워 놓으며, 나의 분노를 터뜨리는 일을 더 하였다. 그들은 나뭇가지를 자기들의 코에 갖다 대는 이교 의식까지 서슴지 않고 하였다. 그러므로 나도 이제는 내 분노를 쏟아서, 그들을 불쌍히 여기지도 않고, 조금도 가엾게 여기지도 않겠다. 그들이 큰소리로 나에게 부르짖어도, 내가 그들의 말을 듣지 않겠다."

에스겔 8장 전체에 걸쳐, 성전에서 제사장으로부터 시작하여 여인들과 그곳에 드나드는 모든 사람들이 하나님 앞에서 대담하게 우상을 섬기는 장면이 펼쳐집니다. 하나님께서는 '그들이 나에게 부르짖을

지라도 내가 그들의 말을 듣지 않겠다'고 말씀하십니다. 주님을 믿지 않는 자들이 그러한 행동을 하는 것은 당연한 일이지만, 주님의 백성들이 교회에 모여 악한 일을 행하는 것은 주님께서도 분명히 보고 계십니다.

나의 연약함을 불쌍히 여기시고 성령의 불같은 능력을 부어 주옵소서. 가슴이 메이는 듯한 이 상황에서, 하염없이 흐르는 눈물의 강에 떠내려가지 않도록 지켜 주소서.

에스겔 11:11-12, 16

이 성읍은 너희를 보호하는 가마솥이 되지 않을 것이며, 너희도 그 속에서 보호받는 고기가 되지 않을 것이다. 내가 너희를 이스라엘의 국경에서 심판하겠다. 그때에야 비로소 너희는, 내가 주인 줄 알게 될 것이다. 너희는, 내가 정하여 둔 율례대로 생활하지 않았으며, 내가 정하여 준 규례를 지키지 않고, 오히려 너희의 주위에 있는 이방 사람들의 규례를 따라 행동하였다.…그러므로 너는 그들에게 일러라. '나 주 하나님이 이렇게 말한다. 비록 내가 그들을 멀리 이방 사람들 가운데로 쫓아 버렸고, 여러 나라에 흩어 놓았어도, 그들이 가 있는 여러 나라에서 내가 잠시 그들의 성소가 되어 주겠다' 하여라.

하나님께서는 내가 쫓아가는 그곳으로 나를 내보내어 나를 심판하시고, 그곳에서 하나님의 임재를 드러내며 회복을 기다리십니다. 내 안에 계신 성령님의 임재는 나의 곤고함 속에서 더욱더 크게 나타납니다. 나의 곤고함이 나의 근원 되신 하나님을 바라보는 진정한 복이 되니, 어찌 탄식할 수 있겠습니까? 내 영혼의 깊은 곳에서 주 여호와의 높으심과 깊으심을 찬양하리라.

에스겔
13:17-19

너 사람아, 네 백성 가운데서 자기들의 마음대로 예언하는 여자들을 주목해 보고, 그들을 규탄하여 예언하여라. 너는 전하여라. '주 하나님이 말한다. 사람의 영혼을 사냥하려고 팔목마다 부적 띠를 꿰매고, 각 사람의 키에 맞도록 너울을 만들어 머리에 씌워 주는 여자들에게 화가 있을 것이다. 너희가 내 백성의 영혼을 사냥하여 죽이려고 하면서도, 자신의 영혼은 살아남기를 바라느냐? 너희는 몇 줌의 보리와 몇 조각의 빵 때문에, 내 백성이 보는 앞에서 나를 욕되게 하였다. 너희는 거짓말을 곧이 듣는 내 백성에게 거짓말을 함으로써, 죽어서는 안 될 영혼들은 죽이고 살아서는 안 될 영혼들은 살리려고 한다.'

사람들은 작은 것을 지키려다 큰 것을 잃어버리는 어리석은 존재입니다. 특히 소심한 자들, 여기서는 여자들로 비유된 이들은 눈앞에 놓인 작은 것에 매여 큰 그림을 보지 못합니다. 이들은 작은 이익을 얻기 위해 다른 사람의 영혼을 죽이고, 결국 자기 영혼마저 잃고 맙니다. 소심한 자들은 거짓말에 속아 스스로를 사망에 이르게 합니다.

주님, 저희가 눈앞의 이익에 현혹되지 않도록 도와주시고, 어리석은 자가 되어 다른 사람을 죽이는 더 큰 멸망에 빠지지 않게 하소서. 오히려 살리는 일을 하는 사람이 되게 하소서.

에스겔
14:9-11

그런데 예언자가 만약 꾀임에 빠져 어떤 말을 선포하면, 나 주가 친히 그 예언자를 꾀임에 빠지도록 버려 둘 것이다. 내가 내 손을 그에게 뻗쳐, 그를 내 백성 이스라엘 가운데서 멸망시키겠다. 물어보는 사람의 죄나 예언자의 죄가 같기 때문에, 그들이 저마다 자기의 죄 값을 치를 것이다. 그래서 이스라엘 족속이 다시는 나를 떠나서 길을 잃지도 않고, 다시는 온갖 죄악으로 더러워지지도 않게 하여, 그들은 나의 백성이 되고, 나는 그들의 하나님이 되게 하려는 것이다. 나 주 하나님의 말이다.

왜 사람들은 거짓으로 하나님의 말씀을 선포할까요? 하나님의 말씀을 하나님의 의도대로 전하지 않고, 사람의 악함을 알면서도 거짓된 것을 그대로 말할 때, 하나님은 그들을 그렇게 하도록 내버려 둔다고 하셨습니다. 어리석은 사람들은 하나님을 마음대로 휘두를 수 있다고 생각하여 공갈과 협박을 일삼습니다. 성경에서 하나님은 준비된 사람을 사용하여 하나님의 일을 하십니다. 반면, 거짓을 선포하는 자들에 대해서는 하나님께서 직접 그들에게 손을 뻗쳐 멸망시키겠다고 경고하십니다. 물어보는 자와 선포하는 자의 죄가 같기 때문에 각자가 그 죄 값을 치르게 될 것이라고 하셨습니다.

왜 물어보는 자도 심판을 받는 걸까요? 물어보는 자가 선포하는 자를 거짓말하게 만들었을 가능성이 있기 때문입니다. 악한 의도를 가지고 물어봄으로써 사람을 올무에 빠지게 하고 죽음에 이르게 할 수도 있습니다. 그런 후에는 자신은 단지 물어봤을 뿐이라며 책임을 회피하려 합니다. 하나님께서는 이러한 악한 자들로 인해 믿음의 공동체가 길을 잃고 온갖 죄악으로 더러워지는 것을 그대로 두지 않고, 직접 심판하심으로써 믿음의 공동체가 죄에서 떠나게 하시려는 것입니다. 하나님께서는 그의 교회를 하나님 스스로 정결케 하시고 거룩함으로 옷 입히셔서, 그들을 통해 영광을 받기를 원하십니다.

에스겔
25:8-9

나 주 하나님이 말한다. 모압이 말하기를, 유다 족속도 모든 이방 백성이나 다름이 없다고 한다. 그러므로 내가 모압의 국경지역에 있는 성읍들 곧 그 나라의 자랑인 벳여시못과 바알므온과 기랴다임이 적의 공격을 받도록 허용하겠다.

비록 유다가 하나님께 범죄하여 바벨론에 의해 멸망당하였지만, 하나님께서는 모압 백성이 유다 족속을 모든 이방 민족과 다름없다고 모욕하는 것을 참지 않으셨고, 그들을 적들의 공격에 맡기셨습니다. 하나님의 나라 백성은 비록 죄로 인해 고난을 받고 어려움을 겪을지라도, 하나님의 백성으로서 품위를 잃지 말아야 합니다. 믿지 않는 사람들처럼 자포자기하며 살아서는 안 됩니다. 하나님께서는 우리를 정결하게 할 기한을 정하시고 기다리고 계십니다. 하나님은 우리를 죄의 길로 내버려 두지 않으시며, 우리의 영혼이 지옥에 가도록 방치하지도 않으십니다. 비록 우리가 연약하고 때로는 죄에 빠지더라도, 하나님은 누군가 우리를 멸시할 때 결코 그들을 내버려 두지 않으시며, 그들을 벌하실 것입니다. 우리는 용기를 가지고 어떠한 상황에서도 주님의 약속을 기다리며 살아가야 합니다.

에스겔
26:2-4

사람아, 두로가 예루살렘을 두고 '아하, 뭇 백성의 관문이 부서지고, 성의 모든 문이 활짝 열렸구나. 예루살렘이 황무지가 되었으니, 이제는 내가 번영하게 되었다'고 말하였다. 그러므로 나 주 하나님이 말한다. 두로야, 내가 너를 쳐서, 바다가 물결을 치며 파도를 일으키듯이, 여러 민족들이 밀려와서 너를 치게 하겠다. 그들이 두로의 성벽을 무너뜨리고, 그곳의 망대들을 허물어뜨릴 것이다. 내가 그곳에서 먼지를 말끔히 씻어 내고 맨바위만 드러나도록 하겠다.

두로는 예루살렘의 멸망을 비웃으며 이익을 취하려는 무역으로 부유해진 도시였습니다. 이에 하나님께서는 두로를 완전히 멸망시키겠다고 선언하시며, 여러 민족들이 밀려와 두로를 치게 하실 것이라고 하셨습니다. 결국, 두로는 여러 나라의 공격을 받아 쇠퇴하고 말았습니다.

이 말씀을 통해, 하나님의 백성을 비웃고 교만한 자나 나라를 하나님께서 징벌하시겠다고 하신 말씀이 이루어진 것을 볼 수 있습니다. 나는 하나님의 교회들의 어려움에 대해 어떻게 말하고 있으며, 혹시 대적하는 자가 되고 있지는 않은가를 돌아보게 됩니다. 하나님의 교회는 하나님께서 세우신 것이며, 사람이 아니라 예수 그리스도의 핏값으로 세워진 것입니다. 오늘날 수많은 교회들이 문을 닫고 있는 이 시대를 살면서, 우리는 슬퍼하며 회개해야 할 것입니다.

에스겔
32:1-2

제 십이년 열두째 달 초하루에, 주님께서 나에게 말씀하셨다. "사람아, 너는 이집트 왕 바로를 두고 애가를 불러라. 너는 그에게 알려 주어라. '너는 스스로 네가 만방의 사자라고 생각하지만, 너는 나일강 속에 있는 악어이다. 뾰족한 코로 강물을 흩뿌리고 발로 강물을 휘저으면서 강물을 더럽혔다.'"

하나님께서는 이스라엘을 괴롭히는 나라들을 멸망시키기 전에 반드시 경고하십니다. 이것은 결코 우연히 일어나는 일이 아닙니다. 하나님께서는 이스라엘을 불쌍히 여기시듯, 그 나라들을 불쌍히 여기시며 그들의 죄를 하나하나 열거하시고 그들이 돌이키기를 원하십니다. "너는, 너는, 너는…" 이렇게 반복적으로 이름을 부르시며 하나님의 뜨거운 마음을 강력한 언어로 표현하십니다. "나는, 나는, 나는…" 주님의 마음에 나는 어떤 자로 비춰지는가, 내가 알 수 있는 것은 그저 "어리석은 자를 불쌍히 여기소서"라고 외칠 뿐입니다.

Part 2. 다림줄 말씀 묵상

요엘
1:19-20

주님, 제가 주님께 부르짖습니다. 불볕에 광야의 풀이 모두 타 죽고, 들의 나무가 이글거리는 불꽃에 모두 타 버렸습니다. 시내에도 물이 마르고 광야의 초원이 다 말라서, 들짐승도 주님께 부르짖습니다.

이스라엘이 멸망하기 전에 일어났던 일들을 떠올리게 됩니다. 지금 이 지구는 점점 뜨거워져 산과 들이 불타고 있으며 전쟁은 끝날 기미가 보이지 않습니다. 나라들은 양분되어 민족과 민족이 서로 싸우며 원수가 되어 가고 있습니다. 주님 앞에서 진정과 신령으로 예배드리지 않고 번영주의를 좇아 살았던 우리를 용서해 주옵소서.
산불은 마치 지옥의 용광로처럼 뜨겁게 여기저기서 타오르고 있습니다. 주님, 우리에게 지옥을 이 땅에서 미리 보여주고 계심을 깨닫게 하옵소서. 알지 못해 믿지 못하는 자들이 없도록, 우리가 복음을 전하게 하옵소서.

요엘 2:31-32

"해가 어두워지고 달이 핏빛같이 붉어질 것이다. 끔찍스럽고 크나큰 주의 날이 오기 전에, 그런 일이 먼저 일어날 것이다." 그러나 주님의 이름을 불러 구원을 호소하는 사람은 다 구원을 받을 것이다. 시온 산 곧 예루살렘 안에는 피하여 살아남는 사람이 있을 것이라고, 주님께서 부르신 사람이 살아남아 있을 것이라고, 주님께서 말씀하셨다.

요엘 선지자의 말씀처럼, 세상은 심판으로 인해 어두워지고 점점 더 타락해 갈 것입니다. 하나님의 말씀의 빛을 어둡게 하는 일들이 일어날 것입니다. 하나님의 성도들이 빛으로서의 역할을 감당하지 못하는 때가 올 것입니다. 그러나 빛이신 주님을 따르는 자만이 살아남을 것이며, 그들은 영원히 빛나는 별처럼 빛날 것입니다.
말씀을 전해도 듣지 않고 악한 말로 대응하는 자들을 불쌍히 여겨 주시옵소서. 그들이 마지막 때가 가까워 왔음을 깨닫고, 회개하여 피난처 되신 주님께로 돌아오게 하소서.

아모스 1:11-12

나 주가 선고한다. 에돔이 지은 서너 가지 죄를, 내가 용서하지 않겠다. 그들이 칼을 들고서 제 형제를 뒤쫓으며, 형제 사이의 정마저 끊고서, 늘 화를 내며, 끊임없이 분노를 품고 있기 때문이다. 그러므로 내가 데만에 불을 보내겠다. 그 불이 보스라의 요새들을 삼킬 것이다.

하나님께서는 우리가 형제 사이의 정을 끊고, 늘 화를 내며, 끊임없이 분노를 품고 사는 것을 기뻐하지 않으십니다. 에돔은 이삭의 아들 에서의 자손으로, 이스라엘과 한 형제 관계임에도 불구하고 지속적으로 싸웠습니다. 나 역시 형제를 향해 분노를 품고 사랑하지 않으며 원수처럼 여기는 것을 하나님께서 기뻐하시지 않으시니, 주님, 저를 불쌍히 여겨 주옵소서. 저의 마음이 주님의 마음처럼 긍휼히 여기는 마음이 되게 하소서. 사람의 힘으로는 할 수 없으나, 주 성령님께서 인도하시면 내가 주님의 마음에 합당한 자가 될 수 있음을 믿습니다. 이러한 기도를 통해 주님께 저의 마음을 변화시켜 주시길 간구합니다.

아모스
4:7-10

"그래서 추수하기 석 달 전에 내리는 비도 너희에게는 내리지 않았다. 또 내가 어떤 성읍에는 비를 내리고, 어떤 성읍에는 비를 내리지 않았다. 어떤 들녘에는 비를 내리고, 어떤 들녘에는 비를 내리지 않아서 가뭄이 들었다. 두세 성읍의 주민들이 물을 마시려고, 비틀거리며 다른 성읍으로 몰려갔지만, 거기에서도 물을 실컷 마시지는 못하였다. 그런데도 너희는 나에게로 돌아오지 않았다." 주님께서 하신 말씀이다. "내가 잎마름병과 깜부기병을 내려서 너희를 치고, 너희의 정원과 포도원을 황폐하게 하였다. 너희의 무화과나무와 올리브 나무는, 메뚜기가 삼켜 버렸다. 그런데도 너희는 나에게로 돌아오지 않았다." 주님께서 하신 말씀이다. "내가 옛날 이집트에 전염병을 내린 것처럼, 너희에게도 내렸다. 내가 너희의 젊은이들을 칼로 죽였으며, 너희의 말들을 약탈당하게 하였다. 또 너희 진에서 시체 썩는 악취가 올라와서, 너희의 코를 찌르게 하였다. 그런데도 너희는 나에게로 돌아오지 않았다." 주님께서 하신 말씀이다.

하나님의 고뇌는 매우 크십니다. 하나님의 백성이라고 자칭하면서도 그들은 주님의 말씀에 귀 기울이지 않고, 하나님을 참된 공급자로 신뢰하지 않았습니다. 그 결과, 하나님께 묻지 않고 하나님 외의 다른 것을 의지하게 되었습니다. 하나님께서는 계속해서 자신의 백성을 찾기 위해 모든 일을 멈추시고, 그 한 마리의 양을 찾기 위해 온 만물을 움직이며 새로운 방법을 모색하십니다. 먼 길을 걸어 그들을 찾아오시는 하나님께서 말씀하십니다. "내가 너를 찾아 너의 뒤를 따라가고 있으니 나에게로 돌아오라"고 하십니다.

이 말씀은 우리가 하나님께 돌아가기를 간절히 원하시는 하나님의 마음을 깊이 느끼게 합니다. 하나님께서 우리를 위해 얼마나 애타게 기다리고 계시는지, 그리고 우리가 하나님께 돌아오기를 얼마나 원하시는지를 깨닫게 됩니다. 우리의 삶 속에서 하나님의 부르심에 응답하여 다시 하나님께 돌아가는 것이 중요합니다.

오바댜
1:11-15

네가 멀리 서서 구경만 하던 그날, 이방인이 야곱의 재물을 늑탈하며 외적들이 그의 문들로 들어와서 제비를 뽑아 예루살렘을 나누어 가질 때에, 너도 그들과 한 패였다. 네 형제의 날, 그가 재앙을 받던 날에, 너는 방관하지 않았어야 했다. 유다 자손이 몰락하던 그날, 너는 그들을 보면서 기뻐하지 않았어야 했다. 그가 고난받던 그날, 너는 입을 크게 벌리고 웃지 않았어야 했다. 나의 백성이 패망하던 그날, 너는 내 백성의 성문 안으로 들어가지 않았어야 했다. 나의 백성이 패망하던 그날, 너만은 그 재앙을 보며 방관하지 않았어야 했다. 나의 백성이 패망하던 그날, 너는 그 재산에 손을 대지 않았어야 했다. 도망가는 이들을 죽이려고, 갈라지는 길목을 지키고 있지 않았어야 했다. 그가 고난받던 그날, 너는 살아남은 사람들을 원수의 손에 넘겨주지 않았어야 했다. 내가 모든 민족을 심판할 주의 날이 다가온다. 네가 한 대로 당할 것이다. 네가 준 것을 네가 도로 받을 것이다.

하나님께서 징계하시는 이스라엘을 보고 에돔은 방관하고, 비웃었으며, 원수의 편에 섰고, 돕지 않고 약탈하며 형제 이스라엘의 멸망을 고소하게 여겼습니다.

나의 악함을 돌아보며, 할 수 있는 말은 "불쌍히 여기소서"밖에 없습니다. 에돔은 멸망하였고, 그 흔적은 이스라엘 남부와 요르단 남부에서 유적지로만 남아 있습니다. 죄로 인해 징계를 받는 사람을 보더라도 긍휼히 여기는 마음을 주셔서, 나도 하나님께 긍휼함을 입게 하소서.

너는 어서 저 큰 성읍 니느웨로 가서, 그 성읍에 대고 외쳐라. 그들의 죄악이 내 앞에까지 이르렀다.

하나님께서 우리를 세상으로 보내시는 이유는 그들의 죄악이 주님 앞에까지 이르렀기 때문입니다. 하나님께서는 그들이 듣든지 듣지 않든지 가서 외치라고 명령하십니다. 하나님의 긴급한 마음이 느껴지며, "어서 가서 외쳐라"는 말씀으로 우리에게 다가오십니다.
어제 정금순 집사님께서는 월마트에서 복음을 외치다가 주차장에서 경찰의 제지로 쫓겨났지만, 곧바로 공원으로 가서 전도를 계속하셨다고 합니다. 그녀는 전도지에 교회 주소와 전화번호를 도장으로 찍으며 다시 공원으로 가서 전해야겠다고 결심했습니다. 또한 오늘 변 자매님은 어제 쓰러지셔서 911 구급차에 실려가는 중에도 응급요원에게 전도를 하셨다고 합니다. 얼마나 아름다운 일입니까? 이분들은 참으로 하나님의 말씀을 중히 여기고 지키는 성도들로, 선지자의 사명을 능가하는 아름다운 헌신을 보여주고 계십니다. 하나님의 명령을 따르며 복음을 전하는 이들의 열정과 순종을 보며, 우리 모두 그 본을 받아 세상에 나가 담대히 주님의 말씀을 외쳐야 할 것입니다.

미가
6:13-14

그러므로 내가 너희에게 견디기 어려운 형벌을 내린다. 너희가 망하는 것은, 너희가 지은 죄 때문이다. 너희는 먹어도 배가 부르지 않을 것이며, 먹어도 허기만 질 것이며, 너희가 안전하게 감추어 두어도 하나도 남지 않을 것이며, 남은 것이 있다 하여도 내가 그것을 칼에 붙일 것이며,

아무리 많은 것을 쌓아 올리고 좋은 것을 먹으며 안전하다고 느껴도, 그 기초가 든든하지 않으면 결국 무너지고 말 것입니다. 우리가 이 땅에서 잘 살기를 원하지만, 그 기초가 튼튼하지 않다면 마치 모래 위에 집을 짓는 자와 같을 것입니다. 우리 삶의 기초는 나의 죄를 씻으신 예수 그리스도의 피입니다. 예수 그리스도로 말미암아 사는 삶은 반석 위에 집을 짓는 것과 같으며, 주님으로 인해 복을 누리는 삶입니다. 이 땅에서뿐만 아니라 영원한 생명의 복까지 누리게 됩니다.

미가
7:7-10

그러나 나는 희망을 가지고 주님을 바라본다. 나를 구원하실 하나님을 기다린다. 내 하나님께서 내 간구를 들으신다. 내 원수야, 내가 당하는 고난을 보고서, 미리 흐뭇해하지 말아라. 나는 넘어져도 다시 일어난다. 지금은 어둠 속에 있지만, 주님께서 곧 나의 빛이 되신다. 내가 주님께 죄를 지었으니, 이제 나는 주님의 분노가 가라앉기까지 참고 있을 뿐이다. 마침내, 주님께서는 나를 변호하시고, 내 권리를 지켜 주시고, 나를 빛 가운데로 인도하실 것이니, 내가 주님께서 행하신 의를 볼 것이다. 그때에 내 원수는 내가 구원 받은 것을 보고 부끄러워할 것이다. "주 너의 하나님이 어디 있느냐?" 하면서 나를 조롱하던 그 원수가 얼굴을 들지 못할 것이다. 내 원수가 거리의 진흙처럼 밟힐 것이니, 패배당한 원수의 모습을 보게 될 것이다.

나는 내 죄로 인해 주님의 징계를 받을 수 있습니다. 그러나 이것이 하나님께서 나를 버리셨다는 뜻은 아닙니다. 징계를 받을지라도 나는 결코 주님을 멀리하지 않을 것입니다. 오히려 더욱더 주님께 용서를 구하며, 그분을 향한 사랑과 열정을 놓지 않을 것입니다. 주님은 오래 화를 내는 분이 아니시며, 반드시 적절한 때에 나를 용서해 주실 분이시기 때문입니다. 혈루병에 걸린 여인이 주님의 옷자락이라도 만지기 위해 수많은 사람들 사이에서 밀쳐지고 휘둘리면서도 결코 손을 뻗기를 멈추지 않았듯, 나 역시 주님의 용서를 구하며 그분의 은혜를 붙잡으려고 끊임없이 노력할 것입니다. 주님께서는 반드시 나를 어둠에서 빛으로 인도하시고, 나의 구원을 완성하실 것입니다.

그리고 그날에 나를 조롱하던 원수들은 부끄러움을 당할 것이며, 주님의 의로 나를 세우신 것을 보고 그들은 더 이상 나를 멸시하지 못할 것입니다.

나훔
1:12-15

"나 주가 말한다. 그들의 힘이 막강하고 수가 많을지라도, 잘려서 없어지고 말 것이다. 비록 내가 너를 괴롭혔으나, 다시는 너를 더 괴롭히지 않겠다. 나 이제 너에게서 그들의 멍에를 꺾어 버리고, 너를 묶은 사슬을 끊겠다." 주님께서 너를 두고 명하신 것이 있다. "너에게서는 이제, 네 이름을 이을 자손이 나지 않을 것이다. 네 산당에서 새겨 만든 신상과 부어 만든 우상을 다 부수어 버리며, 네가 쓸모 없게 되었으니, 내가 이제 네 무덤을 파 놓겠다." 보아라, 좋은 소식을 전하는 사람, 평화를 알리는 사람이 산을 넘어서 달려온다. 유다야, 네 절기를 지키고, 네 서원을 갚아라. 악한 자들이 완전히 사라졌으니, 다시는 너를 치러 오지 못한다.

하나님의 사람들을 괴롭히던 원수들을 더 이상 하나님께서 다루실 필요가 없어졌습니다. 그들은 이미 무의미해졌고, 이 세상에서도 사라질 뿐 아니라 영원한 하나님의 나라에도 들어갈 수 없기 때문입니다. 우리는 이러한 없어질 것들로 인해 염려하거나 걱정할 필요가 없습니다.

이제 이 땅에서 살아가는 동안 하나님의 복음을 전파하고, 하나님께서 주시는 평화를 알리는 사람이 되어 산을 넘고 강을 건너 달려가야 합니다. 하나님께 예배 드리기 위해 힘써 달려가고, 그 예배의 기쁨을 나누기 위해 종을 울립시다. 하나님께 약속한 것을 지키며, 더 이상 적들을 두려워하지 않을 것입니다.

나훔 2:6-10

마침내 강의 수문이 터지고, 왕궁이 휩쓸려서 떠내려간다. 왕후가 벌거벗은 몸으로 끌려가고, 시녀들이 비둘기처럼 구슬피 울면서 가슴을 치는 것은 정해진 일이다. 니느웨는 생길 때로부터, 물이 가득 찬 연못처럼 주민이 가득하였으나, 이제 모두 허겁지겁 달아나니, "멈추어라, 멈추어라!" 하고 소리를 치나, 뒤돌아보는 사람이 없다. 은을 털어라! 금을 털어라! 얼마든지 쌓여 있다. 온갖 진귀한 보물이 많기도 하구나! 털리고 털려서 빈털터리가 되었다. 떨리는 가슴, 후들거리는 무릎, 끊어질 것같이 아픈 허리, 하얗게 질린 얼굴들!

앗수르는 용맹과 힘, 그리고 잔혹함으로 세계를 정복한 강대국이었습니다. 모든 것이 풍족했고, 그 나라는 결코 무너지지 않을 것처럼 보였습니다. 그러나 그들이 하나님의 백성을 무자비하게 대했던 죄는 면제되지 않았습니다. 그들이 자랑하던 부와 명예, 사치와 영화는 모두 약탈당하고, 왕후는 수치스럽게 끌려가는 처지가 됩니다.

오늘날에도 많은 이들이 돈을 어디에 써야 할지 몰라 사치하고 낭비하며, 하나님 없는 삶을 살아가고 있습니다. 교만하게 행동하며, 그들의 부와 영광이 영원할 것처럼 착각하고, 다른 사람들을 함부로 대하고 무시하기도 합니다. 하나님을 믿는다고 하면서도 그분의 말씀을 두려워하지 않고, 자신이 원하는 대로 해석하고 이용하려 합니다.

이 시대의 니느웨와 같은 내 안의 교만을 무너뜨리고, 환난을 통해 인내로 다듬어진 참된 성도의 길을 걷기를 간절히 소망합니다.

나훔 3:18-19

앗시리아의 왕아, 네 목자들이 다 죽고 네 귀족들이 영영 잠들었구나. 네 백성이 이 산 저 산으로 흩어졌으나, 다시 모을 사람이 없구나. 네 상처는 고칠 길이 없고, 네 부상은 치명적이다. 네 소식을 듣는 이들마다, 네가 망한 것을 보고 기뻐서 손뼉을 친다. 너의 계속되는 학대를 받지 않았다고 생각하는 사람이 어디에 있느냐?

이 말씀은 남을 학대하는 자가 결국 영원한 멸망을 맞이한다는 경고입니다. 학대는 주관적으로 느껴질 수 있지만, 주위의 모든 사람들이 동일하게 갑질을 당하고 있다고 느낀다면, 그것은 돌이킬 수 없는 치명적인 상처가 되어 버릴 수 있습니다. 내 주변에 나를 학대하는 사람이 있는지, 혹은 나뿐만 아니라 다른 사람들까지도 힘들게 하고 눈물 흘리게 만드는 사람이 있는지 돌아봅니다. 혹시 내가 그런 사람은 아닐까 생각해 보기도 합니다.

주님, 저를 불쌍히 여겨 주시고, 깨달을 수 있는 은혜를 허락하여 주옵소서. 깨닫지 못하는 짐승 같은 삶을 살지 않게 하시고, 조금 손해를 보더라도, 내 뜻대로 되지 않더라도, 사랑하며 살 수 있도록 도와주소서.

하박국
1:3-4, 6-7

어찌하여 나로 불의를 보게 하십니까? 어찌하여 악을 그대로 보기만 하십니까? 약탈과 폭력이 제 앞에서 벌어지고, 다툼과 시비가 그칠 사이가 없습니다. 율법이 해이하고, 공의가 아주 시행되지 못합니다. 악인이 의인을 협박하니, 공의가 왜곡되고 말았습니다…"이제 내가 바빌로니아 사람을 일으키겠다. 그들은 사납고 성급한 민족이어서, 천하를 주름잡고 돌아다니며, 남들이 사는 곳을 제 것처럼 차지할 것이다. 그들은 두렵고 무서운 백성이다. 자기들이 하는 것만이 정의라고 생각하고, 자기들의 권위만을 내세우는 자들이다."

정의가 실현되지 못하고, 악인이 의롭다며 자신들의 권리를 주장하고 사람들을 무분별하게 몰아가는 상황에서, 하나님께서는 더 사납고 강한 민족을 이미 준비하셔서, 공의가 이루어지지 않는 그분의 백성을 심판하실 것입니다. 의로운 자나 악한 자나 동일하게 고난을 겪게 될 것이니, 의로운 자들도 불의를 묵인하고 바라만 보았기 때문입니다.

주님, 우리에게 지혜와 명철을 허락하셔서 이 나라를 사랑으로 품고, 하나님의 거룩함을 전하게 하소서. 이 나라의 믿는 자들에게 복음의 비밀을 깨닫고 알게 하시며, 교회들이 다시금 생명을 회복하게 하소서. 지금은 성도들이 떠나고, 남아 있는 이들마저 노인들뿐인 상황에서 교회가 문을 닫아 가고 있습니다. 이것이 유다 멸망 직전의 모습처럼 느껴집니다.

하박국
2:14-15, 20

바다에 물이 가득하듯이, 주의 영광을 아는 지식이 땅 위에 가득할 것이다. 그들이 너를 보고 '홧김에 이웃에게 술을 퍼 먹이고 술에 취하여 곯아떨어지게 하고는, 그 알몸을 헤쳐 보는 자야, 너는 망한다!' 할 것이다…나 주가 거룩한 성전에 있다. 온 땅은 내 앞에서 잠잠하여라.

주님의 영광을 아는 지식이 온 세상에 가득함에도 불구하고, 우리는 여전히 세상의 유혹에 취해, 마치 이웃의 우상에게 취한 것처럼 자신의 영혼을 방치하고 있습니다. 이웃을 술에 취하게 하고는 그들을 망하게 하는 자들이 된 우리는, 결국 스스로도 알몸이 드러나듯 부끄러움을 당할 것입니다. 세상의 어둠 속에서 깨어난 순간, 우리가 이미 망했음을 깨닫게 됩니다.

우리는 거룩한 하나님의 성전이 되어야 하지만, 스스로를 방치함으로써 더 이상 그 거룩함을 유지하지 못한 채 세상 속에서 방황하는 영혼이 되었습니다. 그래서 세상에 열광합니다. 축구, 야구, 가수, 영화배우 등에 마음을 빼앗겨, 바깥 어둠 속에서 이리저리 떠돌며 무언가를 의지하기 위해 새벽부터 밤 늦게까지 쫓아다닙니다. 결국 우리 자신을 방치한 결과, 우리는 거룩함을 잃어버리고 세상의 헛된 것들에 집착하게 된 것입니다.

스바냐 3:7-9

내가 너에게 일렀다. 너만은 나를 두려워하고, 내가 가르치는 대로 하라고 하였다. 그러면 내가 벌하기로 작정하였다가도 네가 살 곳을 없애지는 않겠다고 하였는데도 너는 새벽같이 일어나서 못된 일만 골라 가면서 하였다. 그러므로 나를 기다려라. 나 주의 말이다. 내가 증인으로 나설 날까지 기다려라. 내가 민족들을 불러모으고, 나라들을 모아서, 불같이 타오르는 나의 이 분노를 그들에게 쏟아 놓기로 결정하였다. 온 땅이 내 질투의 불에 타 없어질 것이다. 그때에는 내가 뭇 백성의 입술을 깨끗하게 하여, 그들이 다 나 주의 이름을 부르며 어깨를 나란히 하고 나를 섬기게 할 것이다.

하나님의 질투의 불이 맹렬하심은 그분의 사랑이 그만큼 크기 때문입니다. 하나님은 끝까지 우리가 돌이키기를 기다리시고, 선지자들을 보내어 우리의 마음을 깨우치길 원하셨습니다. 그러나 우리는 오히려 죄의 길로 나아가며, 사람에게 들키지 않으면 된다고 생각하고 악한 일을 행했습니다. 심지어 그 악을 합리화하고 타당하다고 여기며, 다른 이들까지 그 길로 충동하여 하나님의 말씀과 반대되는 길을 옳다고 주장하는 현상을 일으켰습니다.

그러나 하나님은 스스로 증인으로 나서겠다고 하셨습니다. 그분은 깨끗하지 않은 자들을 일으켜 스스로 깨끗하다고 하는 자들을 부끄럽게 하시며, 그들이 결국 하나님을 찬양하고 예배하게 하실 것입니다.

주님, 우리의 악한 행동을 용서하시고, 돌이킬 수 있도록 인도하소서. 진리 안에서 온전한 마음으로 주님을 예배하게 하여 주옵소서.

학개
1:8-10

너희는 산에 올라가서 나무를 베어다가 성전을 지어라. 그러면 내가 그 성전을 기껍게 여기고, 거기에서 내 영광을 드러내겠다. 나 주가 말한다. 너희가 많이 거두기를 바랐으나 얼마 거두지 못했고, 너희가 집으로 거두어들였으나 내가 그것을 흩어 버렸다. 그 까닭이 무엇이냐? 나 만군의 주의 말이다. 나의 집은 이렇게 무너져 있는데, 너희는 저마다 제집 일에만 바쁘기 때문이다. 그러므로 너희 때문에 하늘은 이슬을 그치고, 땅은 소출을 그쳤다.

이 말씀을 통해 주님께서 나에게 오셔서 내 안에 거하시며, 내가 곧 성전이 되었다는 깨달음을 얻게 됩니다. 그러나 나는 나의 일에만 몰두한 나머지, 주님의 성전을 세우지 않고 계속 미루고 있습니다. 주님을 먼저 세우지 않으니, 일은 힘들기만 하고, 계획은 계속 어그러집니다. 만약 주님의 성전이 내 안에 세워졌다면, 이 모든 것은 흩어지지 않았을 것입니다.

내가 주님의 일을 한다고 열심히 하지만 마음이 황폐해지는 이유는, 내가 결국 나의 일에만 몰두하고 있기 때문입니다. 그러나 내 안에 주님의 성전을 세우는 일에 진정으로 열심을 낸다면, 주님의 역사가 분명히 나타날 것이고, 나는 기쁨과 즐거움으로 춤출 것입니다. 거룩한 성전이 내 안에서 이루어져 가고 있다는 사실을 숨길 수 없을 것이기 때문입니다.

학개
2:3-5

너희 남은 사람들 가운데, 그 옛날 찬란하던 그 성전을 본 사람이 있느냐? 이제 이 성전이 너희에게 어떻게 보이느냐? 이것이, 너희 눈에는 하찮게 보일 것이다. 그러나 스룹바벨아, 이제 힘을 내어라. 나 주의 말이다. 여호사닥의 아들 여호수아 대제사장아, 힘을 내어라. 이 땅의 모든 백성아, 힘을 내어라. 나 주의 말이다. 내가 너희와 함께 있으니, 너희는 일을 계속하여라. 나 만군의 주의 말이다. 너희가 이집트에서 나올 때에, 내가 너희와 맺은 바로 그 언약이 아직도 변함이 없고, 나의 영이 너희 가운데 머물러 있으니, 너희는 두려워하지 말아라.

하나님의 눈에 보이기는 솔로몬이 부유한 가운데 지은 성전도, 포로 생활의 고난을 겪고 돌아온 백성들이 힘을 합쳐 지은 스룹바벨 성전도 똑같이 아름답습니다.
솔로몬은 넘치는 재산으로 성전을 지었지만, 스룹바벨과 백성들은 고된 상황 속에서도 힘을 다해 성전을 건축했습니다. 하나님은 그들의 노력을 응원하며, 옛날 이집트에서 그들과 맺은 언약이 여전히 변치 않았음을 상기시켜 주십니다. 솔로몬 성전에서 제사를 드렸지만, 그들의 삶이 우상 숭배에 빠져 있었기 때문에 하나님의 영이 그들 가운데 계실 수 없었습니다. 그 성전은 파괴될 수밖에 없었습니다. 우상으로 가득 찬 나라에서 살았기에, 우상을 섬기는 나라로 포로로 잡혀갈 수밖에 없었습니다. 이제 하나님께서는 그들이 우상의 나라에서 나와 하나님의 나라로 돌아와 경배할 때, 하나님의 영이 그들 가운데 함께하실 것을 약속하십니다.

나는 지금 무엇을 좇고 있습니까? 크고 화려한 것에 매혹되어, 그것을 하나님을 섬기는 일이라고 착각하고 있지는 않습니까? 아니면 변함없는 하나님의 언약을 믿고 묵묵히 그 길을 걸어가고 있습니까?

스가랴
2:10-13

"도성 시온아, 기뻐하며 노래를 불러라. 내가 간다. 내가 네 안에 머무르면서 살겠다. 나 주의 말이다." 그날에, 많은 이방 백성들이 주님께 와서 그의 백성이 될 것이며, 주님께서 예루살렘에 머무르시면서, 너희와 함께 사실 것이다. 그때에야 너희는, 만군의 주님께서 나를 너희에게 보내셨음을 알게 될 것이다. 주님께서는 그 거룩한 땅에서 유다를 특별한 소유로 삼으실 것이며, 예루살렘을 가장 사랑하는 도성으로 선택하실 것이다. 육체를 지닌 모든 사람은 주님 앞에서 잠잠하여라. 주님께서 그 거룩한 거처에서 일어나셨다!

하나님께서는 예루살렘을 회복시키시고, 그곳에 불처럼 둘러싸 보호하시며, 그 안에서 함께 거하겠다고 약속하십니다. 또한, 많은 이방 백성들을 하나님의 백성으로 삼겠다고 말씀하시면서, 그때가 되면 우리가 예수 그리스도를 보내신 만군의 주님을 알게 될 것이라고 하십니다. 예수님이 오시기 전에는 이 땅에 진정한 평화가 없었고, 육체를 지닌 사람들에게는 영생이 없었습니다. 이는 모든 사람이 죄인이기 때문입니다. 그래서 모든 거룩한 이들은 메시아의 오심을 간절히 기다렸습니다.

예수님께서 우리를 구원하시기 위해 이 땅에 오셔서 십자가에서 죽으심은 하나님의 사랑을 가장 명확하게 보여주는 사건입니다. 우리의 행위로는 도저히 구원에 이를 수 없음을, 하나님께서는 이스라엘을 통해 분명히 보여주셨습니다. 주 예수 그리스도께서 죽을 수밖에 없는 인간을 구원하시기 위해 순종하심으로 십자가의 길을 가셨고, 하나님의 오래 참으시는 사랑이 그 안에 담겨 있습니다. 이 모든 계획과 사랑을 생각할 때, 오늘도 제 마음은 감동으로 가득 차오릅니다.

너는 이 땅의 온 백성과 제사장에게 이렇게 말하여라. '너희가 지난 칠십 년 동안, 다섯째 달과 일곱째 달에 금식하며 애곡하기는 하였으나, 너희가 진정, 나를 생각하여서 금식한 적이 있느냐? 너희가 먹고 마실 때에도 너희 스스로 만족하려고 먹고 마신 것이 아니냐?'

이 말씀을 묵상하며, 나의 말이 헛되다는 생각이 듭니다. 주님을 위해 한다고 하면서도, 결국 내가 원하고, 내가 만족하고, 내가 좋아서 하는 일이 많기 때문입니다. 이제 몸과 마음이 쇠약해지고 아무 쓸모없는 것처럼 느껴지는 시점에서야 정신을 차립니다. 더 이상 먹고 싶은 것을 먹고 마시고 싶은 것을 마시며 살아서는 안 된다는 생각이 듭니다. 그래서 이제는 내가 먹어야 할 것을 먹고, 마셔야 할 것을 마시려고 애를 씁니다.
그럼에도 불구하고, 끝까지 우리를 거두어 주시는 주님 앞에서 머리를 숙이고 무릎을 꿇습니다.

스가랴
8:2-5

나 만군의 주가 말한다. 나는 시온을 열렬히 사랑한다. 누구라도 시온을 대적하면 용서하지 못할 만큼 나는 시온을 열렬히 사랑한다. 나 주가 말한다. 내가 시온으로 돌아왔다. 내가 예루살렘에서 살겠다. 예루살렘은 '성실한 도성'이라고 불리고, 나 만군의 주의 산은 '거룩한 산'이라고 불릴 것이다. 나 만군의 주가 말한다. 예루살렘 광장에는 다시, 남녀 노인들이 한가로이 앉아서 쉴 것이며, 사람마다 오래 살아 지팡이를 짚고 다닐 것이다. 어울려서 노는 소년 소녀들이 이 도성의 광장에 넘칠 것이다.

이 구절을 통해, 나는 주님이 교회를 사랑하심이 얼마나 열렬한지 새삼 깨닫습니다. 내가 교회를 사랑한다고는 하지만, 주님의 사랑은 그 차원을 넘어서 계십니다. 우리는 성실하지 못하고 거룩하지 못한 존재들이지만, 하나님께서는 우리를 '성실한 도성'이라 부르실 것이고, 그렇게 되도록 이끌어 가십니다.

우리의 시선으로 보면 불가능해 보이는 일들이지만, 하나님께서는 우리의 삶을 통해, 우리의 연약함과 절망감을 통해 하나씩 내려놓게 하시며 그분의 뜻을 이루어 가십니다. 그래서 우리는 결국 주님의 사랑에 굴복하듯 성실해지고, 거룩해져 갑니다. 그때 비로소 참된 평화를 누리며 쉼을 얻게 될 것이고, 아이들은 광장에서 기쁨으로 뛰놀 것입니다.

오늘도 하나님께서는 나의 불성실함과 거룩하지 못함을 다듬어 가고 계십니다.

스가랴
8:19-23

나 만군의 주가 말한다. 넷째 달의 금식일과, 다섯째 달의 금식일과, 일곱째 달의 금식일과, 열째 달의 금식일이 바뀌어서, 유다 백성에게 기쁘고 즐겁고 유쾌한 절기가 될 것이다. 너희는 마땅히 성실을 사랑하고, 평화를 사랑해야 한다. 나 만군의 주가 말한다. 이제 곧 세상 여러 나라에서 수많은 민족들과 주민들이 몰려올 것이다. 한 성읍의 주민이 다른 성읍의 주민에게 가서 '어서 가서 만군의 주님께 기도하고, 주님의 은혜를 구하자' 하면, 다른 성읍의 주민들도 저마다 '나도 가겠다' 할 것이다. 수많은 민족과 강대국이, 나 만군의 주에게 기도하여 주의 은혜를 구하려고, 예루살렘으로 올 것이다. 나 만군의 주가 말한다. 그때가 되면, 말이 다른 이방 사람 열 명이 유다 사람 하나의 옷자락을 붙잡고 '우리가 너와 함께 가겠다. 하나님이 너희와 함께 계신다는 말을 들었다' 하고 말할 것이다.

하나님께서 우리에게 약속하신 것은 기쁘고 즐겁고 유쾌한 삶입니다. 이 약속을 누리기 위해 우리가 해야 할 일은 성실과 평화를 사랑하는 것입니다. 사랑하는 것은 단순한 감정이나 일시적인 행동이 아니라, 시작부터 끝까지 기쁨으로 지속적으로 행하는 일입니다. 하나님은 우리의 일시적인 필요에 따라 잠시 머무는 분이 아니라, 매일 우리와 지속적인 사랑의 관계를 원하시는 분입니다.

우리가 주님과의 관계를 깊고 지속적으로 유지할 때, 믿지 않는 이방인들이 우리를 보고, 우리에게 하나님이 함께 계심을 느끼며 우리와 동행하기를 원하게 될 것입니다. 이것이 바로 하나님께서 우리에게 주시는 기쁘고 즐겁고 유쾌한 삶의 증거입니다. 하나님과 함께하는 삶은 그분의 사랑과 평화를 세상에 전하는 삶이 됩니다.

스가랴
9:8-10

"내가 내 집에 진을 둘러쳐서, 적군이 오가지 못하게 하겠다. 내가 지켜 보고 있으니, 압제자가 내 백성을 침범하지 못할 것이다." 도성 시온아, 크게 기뻐하여라. 도성 예루살렘아, 환성을 올려라. 네 왕이 네게로 오신다. 그는 공의로우신 왕, 구원을 베푸시는 왕이시다. 그는 온순하셔서, 나귀 곧 나귀 새끼인 어린 나귀를 타고 오신다. "내가 에브라임에서 병거를 없애고, 예루살렘에서 군마를 없애며, 전쟁할 때에 쓰는 활도 꺾으려 한다. 그 왕은 이방 민족들에게 평화를 선포할 것이며, 그의 다스림이 이 바다에서 저 바다까지, 유프라테스 강에서 땅끝까지 이를 것이다."

하나님께서는 하나님의 백성을 위해 구원자를 보내셨고, 그 구원자는 온유하시어 어린 나귀를 타고 오십니다. 그분은 평화의 왕이시며, 그분의 통치는 이 바다에서 저 바다까지, 유프라테스 강에서 땅끝까지 이르게 됩니다. 이 평화의 왕이 임하시는 곳을 하나님은 '내

집'이라고 부르시며, 그곳을 친히 지키고 보호하셔서 어떠한 적도 침범하지 못하게 하십니다.

구원자 예수 그리스도를 왕으로 섬기는 사람이 그를 닮아 가게 될 것임은, 하나님께서 그들을 지켜 줌으로 더 이상 무기가 필요하지 않음을 알게 되기 때문입니다.

찬양하리로다! 나를 그 성으로 인도하시는 하나님을 찬양합니다. 나를 구원의 도성에 들어가게 하시고, 영원히 함께 살게 하실 그분을 찬양합니다.

스가랴
14:5b-8

주 나의 하나님이 오신다. 모든 천군을 거느리시고 너희에게로 오신다. 그 날이 오면, 햇빛도 차가운 달빛도 없어진다. 낮이 따로 없고 밤도 없는 대낮만이 이어진다. 그때가 언제 올지는 주님께서만 아신다. 저녁때가 되어도, 여전히 대낮처럼 밝을 것이다. 그날이 오면, 예루살렘에서 생수가 솟아나서, 절반은 동쪽 바다로, 절반은 서쪽 바다로 흐를 것이다. 여름 내내, 겨울 내내, 그렇게 흐를 것이다.

나는 하나님을 나의 주인으로 모시는 복된 사람입니다.
그분은 자기 백성을 위해 모든 천군을 거느리고 오십니다. 그날이 오면, 우리가 의지하던 해와 달, 바다와 강, 계절도 더 이상 필요하지 않을 것입니다. 우리는 오직 하나님께로부터 나오는 빛과 그분의 생수로 살아가게 될 것입니다. 자연이 더 이상 우리를 주관하지 못하는 것은, 그것을 만드신 하나님께서 준비하신 새로운 창조 속에서 우리가 영원히 살 것이기 때문입니다. 지금 우리가 보고 있는 모든 것은 장차 사라질 것들이며, 그저 우리에게 잠시 주어진 선물일 뿐입니다. 이 일시적인 것들을 통해 영생을 준비하게 하신 우리 주 하나님을 찬양하리로다.

제사장의 입술은 지식을 지켜야 하겠고, 사람들이 그의 입에서 율법을 구하게 되어야 할 것이다. 제사장이야말로 만군의 주 나의 특사이기 때문이다.

제사장의 입술은 지식을 지키고, 사람들이 그의 입에서 율법을 구하게 된다고 하셨습니다. 제사장은 하나님께서 세우신 특사로, 하나님의 말씀을 전하는 사명을 감당해야 합니다.

하나님께서는 예수 그리스도를 믿는 우리를 왕 같은 제사장으로 세워 주셨습니다. 예수 그리스도께서 영원한 대제사장이시기에, 우리는 그와 연합하여 그의 가문에 속한 거룩한 제사장으로 부름 받았습니다. 하나님께서는 우리를 이 세상에 하나님의 특사로 보내셨습니다. 예수님께서 이 땅에 오셔서 하나님의 나라를 보여 주셨듯이, 우리도 이 땅에서 하나님의 나라를 보여주는 삶을 살도록 부르심을 받았습니다.

주님, 제 삶이 헛된 것을 좇지 않고, 하나님의 말씀을 이루는 삶이 되게 하소서.
저의 생각과 손, 발, 말이 성령님의 인도하심을 따라 살게 하시고, 언제나 주님의 뜻을 이루는 도구가 되게 하옵소서.

사복음서

마태복음 5:11-12

너희가 나 때문에 모욕을 당하고, 박해를 받고, 터무니없는 말로 온갖 비난을 받으면, 복이 있다. 너희는 기뻐하고 즐거워하여라. 하늘에서 받을 너희의 상이 크기 때문이다. 너희보다 먼저 온 예언자들도 이와 같이 박해를 받았다.

나는 과거에 어리석어서 모욕을 당하고, 박해를 받고, 터무니없는 비난을 받았던 적이 많습니다. 하지만 그것이 나의 어리석음이 아니라 주님을 위한 일이었다면 얼마나 좋았을까요! 나이가 들고 몸과 마음이 쇠해 가면서, 우리가 어리석은 환상에 빠지지 않도록 하나님께서 우리의 자랑을 점점 내려놓게 하신다는 것을 깨닫습니다. 그러니 지금 주님 앞에서, 사람 앞에서 묵묵히 침묵하는 것이 아니라, 젊었을 때처럼 힘차고 아름다운 믿음의 삶을 살아가야 하지 않을까요? 젊었을 때, 주님께서 주실 상을 바라보며 열정적으로 주님의 일을 했더라면 얼마나 좋았을까 생각해 봅니다.

그러나 이제라도 남은 생애를 젊은이처럼 용기 있고 씩씩하게, 주님을 위해 모욕도 받고 박해도 당하며, 터무니없는 말로 비난을 받아도 기꺼이 기뻐하며 아름다운 삶을 살아가고자 결심합니다. 나이가 들어도, 젊었을 때보다 더 넉넉한 마음과 성숙한 믿음이 있으니, 이제야말로 진정으로 주님을 위해 살아갈 때입니다.

옛 사람들에게 말하기를 '너는 거짓 맹세를 하지 말아야 하고, 네가 맹세한 것은 그대로 주님께 지켜야 한다' 한 것을, 너희는 또한 들었다. 그러나 나는 너희에게 말한다. 아예 맹세하지 말아라. 하늘을 두고도 맹세하지 말아라. 그것은 하나님의 보좌이기 때문이다. 땅을 두고도 맹세하지 말아라. 그것은 하나님께서 발을 놓으시는 발판이기 때문이다. 예루살렘을 두고도 맹세하지 말아라. 그것은 크신 임금님의 도성이기 때문이다. 네 머리를 두고도 맹세하지 말아라. 너는 머리카락 하나라도 희게 하거나 검게 할 수 없기 때문이다. 너희는 '예' 할 때에는 '예'라는 말만 하고, '아니오' 할 때에는 '아니오'라는 말만 하여라. 이보다 지나치는 것은 악에서 나오는 것이다.

마태복음 5장 33-37절의 말씀을 묵상하면서, 나는 변명과 맹세의 유혹을 피하려고 합니다. 내가 잘못을 저질렀지만, 그것을 인정하기보다는 억울한 마음에 변명을 찾으려 하거나 상황을 합리화하려고 애쓸 때가 있습니다. 마치 매일 과속을 하다가 어느 날 경찰에게 걸려 티켓을 받았을 때, 나의 과속이 잘못이 아니라 단순히 운이 나빠서 걸렸다고 억울해하는 것처럼 말입니다.

이러한 억울함을 풀기 위해 나는 자주 맹세를 하며 나의 결백을 주장하려 합니다. 그러나 예수님께서는 그럴 필요가 없다고 말씀하십니다. '예'는 '예'라고, '아니오'는 '아니오'라고만 말하면 된다는 것입니다. 진실을 감추려는 변명이나 억울함을 호소하며 맹세하는 행동은 그리스도인인 내가 지양해야 할 일입니다.

예수님의 가르침은 나의 성숙함을 요구합니다. 비록 다른 사람에게 책임을 전가하지 못하고 스스로의 잘못을 인정하는 것이 때로는 억울하고 화가 날 수 있지만, 나는 성숙한 그리스도인으로서 정직하게 사실을 인정하고, 주님을 따르는 삶을 살아야 합니다. 이 과정에서 억울함이 있을지라도, 진실을 말하고 바르게 사는 것이 예수님께서 나에게 요구하시는 성숙한 신앙의 모습임을 다시금 깨닫게 됩니다.

마태복음
6:1-4

너희는 남에게 보이려고 의로운 일을 사람들 앞에서 하지 않도록 조심하여라. 그렇지 않으면, 너희는 하늘에 계신 너희 아버지에게서 상을 받지 못한다. 그러므로 네가 자선을 베풀 때에는, 위선자들이 사람들에게 칭찬을 받으려고 회당과 거리에서 그렇게 하듯이, 네 앞에 나팔을 불지 말아라. 내가 진정으로 너희에게 말한다. 그들은 자기네 상을 이미 다 받았다. 너는 자선을 베풀 때에는, 오른손이 하는 일을 왼손이 모르게 하여, 네 자선 행위를 숨겨 두어라. 그리하면, 남모르게 숨어서 보시는 네 아버지께서 너에게 갚아 주실 것이다.

예수님께서는 내가 의로운 일을 할 때, 그 동기에 대해 깊이 생각할 것을 말씀하십니다. 의로운 일을 행하는 것은 당연히 좋은 일이지만, 예수님은 그 일을 남들에게 보이려고 하거나 칭찬받기 위한 목적으로 해서는 안 된다고 경고하십니다.

진정으로 마음에서 우러나서 선행을 한다면, 나는 어떤 상황에서도 그 일을 지속할 수 있을 것입니다. 그러나 만약 그 목적이 사람들의 인정이나 존경을 받기 위한 것이라면, 그 동기는 오래 지속되지 못할 것입니다. 원하는 것을 얻지 못하면 좌절하고 화를 내며, 더 나아가 자신이 하지 않음은 물론 다른 이들도 못하게 방해할 수 있습니다. 그러면 처음보다 더 악해져, 자기 만족을 위해 다른 방법을 찾는 어리석은 사람이 될 수 있습니다.

시작은 했지만 끝을 보지 못하는 자는 결국 지혜롭지 못한 사람입니다. 그러나 좋으신 하나님께서는 내가 마땅히 해야 할 일을 하기도 전에 이미 나에게 좋은 것을 예비해 주시며, 나의 삶을 응원해 주십니다. 그러므로 나는 하나님께서 주신 감동을 끝까지 이루어나가며, 그분의 뜻에 따라 살아가기를 소망합니다.

마태복음
12:11-14

예수께서 그들에게 말씀하셨다. "너희 가운데 어떤 사람에게 양 한 마리가 있다고 하자. 그것이 안식일에 구덩이에 빠지면, 그것을 잡아 끌어올리지 않을 사람이 어디에 있겠느냐? 사람이 양보다 얼마나 더 귀하냐? 그러므로 안식일에 좋은 일을 하는 것은 괜찮다." 그런 다음에, 손이 오그라든 사람에게 말씀하셨다. "네 손을 내밀어라." 그가 손을 내미니, 다른 손과 같이 성하게 되었다. 그래서 바리새파 사람들은 밖으로 나가서, 예수를 없앨 모의를 하였다.

예수님은 "너희 중 누가 양 한 마리가 안식일에 구덩이에 빠지면 끌어올리지 않겠느냐? 사람이 양보다 얼마나 더 귀하냐? 그러므로 안식일에 좋은 일을 하는 것이 옳다"라고 말씀하셨습니다. 이어서 예수님은 손이 오그라든 사람에게 "네 손을 내밀어라" 하며 그를 치유하셨습니다. 하지만 바리새파 사람들은 이 치유 사역이 안식일에 행해졌다는 이유로 예수님을 죽이려는 모의를 하였습니다.

이 말씀은 우리에게 중요한 교훈을 줍니다. 우리도 주님 안에서 선한 일을 하면서 때로는 억울한 오해와 비난을 받을 때가 있습니다. 아무리 좋은 일을 해도, 이해할 수 없는 말로 사람을 몰아가고, 심지어 교회를 혼란스럽게 만드는 이들이 있습니다. 바리새파 사람들은 자신들이 만든 법에 스스로 묶여 예수님조차 정죄하려 했습니다. 이처럼 우리도 사람이 만든 법이나 기준에 얽매여, 하나님의 뜻을 따르는 이들을 정죄하고 내몰아 낼 위험이 있습니다.

주님, 저의 생각과 말이 당신의 뜻에 맞도록 다스려 주셔서, 선한 사람을 악한 말로 정죄하는 어리석은 자가 되지 않게 하소서. 맡겨 주신 사명을 따라 진리 안에서 바르게 말하고 행동하는 지혜를 허락해 주소서.

마태복음
12:34-37

독사의 자식들아! 너희가 악한데, 어떻게 선한 것을 말할 수 있겠느냐? 마음에 가득 찬 것을 입으로 말하는 법이다. 선한 사람은 선한 것을 쌓아 두었다가 선한 것을 내고, 악한 사람은 악한 것을 쌓아 두었다가 악한 것을 낸다. 내가 너희에게 말한다. 사람들은 심판 날에 자기가 말한 온갖 쓸데없는 말을 해명해야 할 것이다. 너는 네가 한 말로, 무죄 선고를 받기도 하고, 유죄 선고를 받기도 할 것이다.

악한 말이 저절로 나오는 것이 아니라, 그 마음 속에 악이 쌓였기 때문에 그 악이 가득 차서 입으로 나오는 것이라는 말씀입니다. 예수님께서는 우리가 한 악한 말, 즉 남을 비방하거나 욕하고, 불평하거나 화냈던 모든 것들을 심판 날에 해명해야 할 것이라고 하십니다. 우리 마음 속에 악한 생각이 들고, 불편한 감정이 생길 수 있지만, 그것을 그대로 말해 버리면 마음에 쌓인 오물을 다른 사람에게 토

해내는 것과 다름없습니다. 그러므로 우리 안에 선한 것들, 즉 칭찬, 격려, 위로, 동기 부여와 같은 것들이 쌓여서, 우리가 말을 할 때 선한 것들이 흘러나오게 하시길 기도합니다.

주님, 저의 마음 속에 선한 것을 가득 채워 주시고, 제가 입을 열 때마다 선한 말이 나오게 하소서.

마태복음
13:47-50

또 하늘 나라는, 바다에 그물을 던져서 온갖 고기를 잡아 올리는 것과 같다. 그물이 가득 차면, 해변에 끌어올려 놓고 앉아서, 좋은 것들은 그릇에 담고, 나쁜 것들은 내버린다. 세상 끝 날에도 이렇게 할 것이다. 천사들이 와서, 의인들 사이에서 악한 자들을 가려내서, 그들을 불 아궁이에 쳐 넣을 것이니, 그들은 거기서 울며 이를 갈 것이다.

씨 뿌리는 비유처럼, 예수님은 좋은 생선과 나쁜 생선을 가려내십니다. 그물을 던져 잡은 생선 중 좋은 것은 간직하고 나쁜 것은 내버리듯이, 악한 자들은 결국 불 아궁이에 던져질 것입니다. 그들은 그곳에서 울며 이를 갈 것입니다.
이 말씀을 묵상하며 우리도 삶 속에서 울며 이를 가는 순간들, 즉 이 세상에서 지옥을 경험하는 듯한 일들을 겪을 때가 떠오릅니다. 억울하고 분노가 치밀며 엄청난 손해를 본 순간들, 바로 그런 때가 지옥을 경험하는 순간들일 것입니다.

예수님을 믿기 전의 삶을 돌이켜보면, 지옥에 가지 않아도 될 일을 가지고도 큰 스트레스를 받으며 지옥 같은 시간을 보냈던 것 같습니다. 그러나 예수님을 주인으로 모신 후, 내 안에 계신 성령님께서 평안을 주시니 더 이상 지옥을 경험해야 할 이유가 없어졌습니다. 오늘 말씀을 통해, 예수님을 믿기 전에는 지옥에서 울며 이를 갈았지만 지금은 천국의 기쁨을 누리고 있음을 깨닫게 되니, 하나님의 은혜가 참으로 크다는 생각이 듭니다.

마태복음
14:8-10

소녀는 자기 어머니가 시키는 대로 말하였다. "세례자 요한의 머리를 쟁반에 담아서 이리로 가져다주십시오." 왕은 마음이 괴로웠지만, 이미 맹세를 하였고, 또 손님들이 보고 있는 앞이므로, 그렇게 해주라는 명령을 내리게 되었다. 그래서 그는 사람을 보내서, 감옥에서 요한의 목을 베게 하였다.

말씀을 통해, 헤롯 왕이 자기 맹세 때문에 침례 요한, 즉 메시아의 길을 예비하는 마지막 선지자를 비열하게 처형하게 되는 상황을 봅니다. 왕의 위치에 있으면서도 자신이 해서는 안 되는 일을 저지름으로 스스로를 괴롭히는 어리석음을 드러냈습니다.

이 사건을 통해 예수님께서 우리에게 왜 맹세하지 말라고 하셨는지 깨닫게 됩니다. 예수님은 하늘이나 땅을 걸고 맹세하지 말고, 마태복음 5장 37절에서 "너희는 그저 '예' 할 것은 '예' 하고 '아니오' 할 것은 '아니오'라고만 말하여라. 그 이상의 말은 악에서 나오는 것이다"라면서 단순히 말하라고 가르치십니다. 왜냐하면 우리가 옳다고 여기는 것이 틀릴 수 있고, 틀리다고 여기는 것이 옳을 수도 있기 때문입니다.

우리는 진리가 아니며, 다만 우리 각자의 기준이 있을 뿐입니다. 하나님의 말씀을 묵상하다 보면, 과거에 내가 주장했던 일들이 얼마나 어리석었는지 깨닫게 되고 종종 후회가 되지만, 지난 시간으로 돌아갈 수는 없습니다. 그러므로 오늘을 하나님의 말씀에 의지하여 살아가는 것이 미래의 후회를 줄이는 유일한 길임을 깨닫게 됩니다.

마태복음
15:16-20

예수께서 말씀하셨다. "너희도 아직 깨닫지 못하느냐? 입으로 들어가는 것은 무엇이든지, 뱃속으로 들어가서 뒤로 나가는 줄 모르느냐? 그러나 입에서 나오는 것들은 마음에서 나오는데, 그것들이 사람을 더럽힌다. 마음에서 악한 생각들이 나온다. 곧 살인과 간음과 음행과 도둑질과 거짓 증언과 비방이다. 이런 것들이 사람을 더럽힌다. 그러나 손을 씻지 않고서 먹는 것은, 사람을 더럽히지 않는다."

우리는 먹는 것, 위생, 영양에 큰 관심을 두고, 각자의 철칙을 갖고 살아갑니다. 야채와 과일을 씻을 때 식초물에 20분간 담가야 하고, 흐르는 물로 헹궈야 하며, 조리 시 장갑과 마스크를 착용해야 한다고 고집하는 사람도 있습니다. 그런데도 예수님께서는 결국 먹은 것은 뱃속으로 들어가 뒤로 나간다고 말씀하십니다. 정작 중요한 것은 입에서 나오는 말과 행동들입니다. 이에 대해선 종종 철칙을 가지지 못하고 있습니다.

예수님께서 말씀하셨듯, 사람이 더럽혀지는 것은 입에서 나오는 말들 때문입니다. 불평과 불만의 말들이 다른 사람의 마음을 완악하게 만들고, 이는 점차 다른 사람에게 전달되며 결국 살인, 간음, 음행, 도둑질, 거짓 증언, 비방으로 이어지게 됩니다.

주님, 저의 허망한 말들이 멈추고, 제 혀가 예수 그리스도의 정결한 피로 씻겨 순수하게 되기를 원합니다. 마치 식초물에 20분 담근 것처럼 저의 입술이 깨끗해지고, 나오는 말이 사랑과 은혜로 가득하게 하소서.

마태복음
19:28-30

예수께서 그들에게 말씀하셨다. "내가 진정으로 너희에게 말한다. 새 세상에서 인자가 자기의 영광스러운 보좌에 앉을 때에, 나를 따라온 너희도 열두 보좌에 앉아서, 이스라엘 열두 지파를 심판할 것이다. 내 이름을 위하여 집이나 형제나 자매나 아버지나 어머니나 자식이나 땅을 버린 사람은, 백 배나 받을 것이요, 또 영원한 생명을 물려받을 것이다. 그러나, 첫째가 된 사람들이 꼴찌가 되고, 꼴찌가 된 사람들이 첫째가 되는 경우가 많을 것이다."

예수님은 그분을 따르는 사람들에게 큰 약속을 하십니다. 예수님은 새 세상이 올 때, 자신과 함께 영광의 보좌에 앉아 이스라엘 열두 지파를 심판할 제자들에게 상을 약속하셨습니다. 예수님을 위해 소중한 집이나 가족, 땅을 포기한 사람들은 하나님으로부터 백 배의 축복을 받고 영원한 생명을 유산으로 받게 될 것이라고 하십니다.

특히, 예수님은 "첫째가 꼴찌가 되고, 꼴찌가 첫째가 되는 경우가 많다"고 말씀하십니다. 이는 하나님 나라의 가치가 세상과 다르다는 의미입니다. 하나님을 위해 자신의 것을 내어 주고, 다른 사람의 구원을 위해 자신을 낮추며, 교회의 평안을 위해 인내하고 손해를 감수하는 사람은 세상에서 볼 때는 '꼴찌'처럼 보일 수 있습니다. 그러나 하나님은 이러한 헌신을 놓치지 않고 주의 깊게 보고 계시며, 그 사람을 매우 소중하게 여기십니다.

이러한 주님의 약속과 사랑을 생각할 때 억울함이 사라지고, 용기를 내어 꿋꿋하게 나의 길을 걸어가게 됩니다. 언제나 나의 순간을 지켜보시고 아시는 주님으로 인해 흔들리지 않고 신앙의 길을 굳건히 걸어갈 것입니다.

마태복음
23:1-5

그때에 예수께서 무리와 제자들에게 말씀하셨다. "율법학자들과 바리새파 사람들은 모세의 자리에 앉은 사람들이다. 그러므로 그들이 너희에게 말하는 것은 무엇이든지 다 행하고 지켜라. 그러나 그들의 행실은 따르지 말아라. 그들은 말만 하고, 행하지는 않는다. 그들은 지기 힘든 무거운 짐을 묶어서 남의 어깨에 지우지만, 자기들은 그 짐을 나르는 데에 손가락 하나도 까딱하려고 하지 않는다. 그들이 하는 모든 일은 사람들에게 보이려고 하는 것이다. 그들은 경문 곽을 크게 만들어서 차고 다니고, 옷술을 길게 늘어뜨린다."

하나님의 말씀에 대한 지식을 가지고 있고 그것을 설명하고 판단한다고 해서 그 사람이 하나님의 마음에 합한 사람은 아닙니다. 하나님의 마음에 합한 사람은 말만 하는 사람이 아니라, 자기가 져야 할 십자가를 기꺼이 스스로 지고 가는 사람입니다. 그러나 그들은 말로서 약한 사람을 억누르고, 자기 짐을 다른 사람에게 떠넘기는 자들입니다.

주님의 제자가 되려면 자기 십자가를 지고 주님을 따르라고 말씀하셨습니다. 주님께서 내게 주신 십자가는, 주님이 스스로 십자가를 지심으로 모든 믿는 자에게 생명을 주셨듯이, 나 또한 다른 사람을 섬기기 위해 주어진 것입니다. 이 십자가를 질 때 비로소 나는 주님을 깊이 알게 될 것입니다.

나를 나보다 더 잘 아시는 주님께서 나의 십자가를 통해 나를 훈련시키시고, 주님을 더 알아 가며 사랑하게 하실 것을 믿습니다.

마태복음
23:25-28

율법학자들과 바리새파 사람들아! 위선자들아! 너희에게 화가 있다. 너희는 잔과 접시의 겉은 깨끗이 하지만, 그 안은 탐욕과 방종으로 가득 채우기 때문이다. 눈먼 바리새파 사람들아! 먼저 잔 안을 깨끗이 하여라. 그리하면 그 겉도 깨끗하게 될 것이다. 율법학자들과 바리새파 사람들아! 위선자들아! 너희에게 화가 있다. 너희는 회칠한 무덤과 같기 때문이다. 그것은 겉으로는 아름답게 보이지만, 그 안에는 죽은 사람의 뼈와 온갖 더러운 것이 가득하다. 이와 같이, 너희도 겉으로는 사람에게 의롭게 보이지만, 속에는 위선과 불법이 가득하다.

이 말씀은 예수님께서 바리새인들과 율법학자들에게 하신 매우 강력한 경고입니다. 당시 바리새인들은 겉으로는 율법을 철저히 지키며 하나님께 의롭고 경건한 사람으로 보였지만, 예수님은 그들의 내면을 꿰뚫어 보셨습니다. 그들의 마음에는 탐욕과 방종이 가득했으며, 그 결과 겉과 속이 일치하지 않는, 즉 위선적인 모습을 보이고 있었습니다.

예수님께서는 그들이 회칠한 무덤과 같다고 비유하셨습니다. 겉은 깨끗하고 아름답지만, 그 안에는 죽음과 부패가 가득하다는 것입니다. 이 말씀을 통해 예수님은 우리에게 중요한 깨달음을 주십니다. 사람은 쉽게 겉모습으로 상대방을 평가하고, 심지어 자신마저도 겉으로 드러나는 행위만을 보고 착각할 수 있습니다. 겉모습이 깨끗하고 규범을 지키는 듯 보여도, 하나님은 우리가 내면에 감추고 있는 탐욕, 이기심, 방종을 보십니다. 그래서 예수님은 "먼저 잔 안을 깨끗이 하라"고 말씀하십니다. 즉, 우리의 내면을 정결하게 하고 하나님 앞에서 진실하고 순수하게 살아야 한다는 가르침입니다.

하나님은 우리가 겉모습만을 꾸미는 신앙이 아니라, 내면의 진정성을 중시하신다는 것을 깨닫게 됩니다. 때때로 우리는 남들에게 인정받고자 겉으로는 경건한 행위들을 드러내기도 하지만, 정작 우리의 마음속에서는 이기심과 탐욕이 여전할 수 있습니다. 하나님께서는 이 모든 것을 꿰뚫어 보시며, 내면이 변화되기를 원하십니다. 겉과 속이 일치하는 진실한 신앙을 갖추기 위해선 매일 마음을 들여다보고 회개하며 하나님 앞에 나아가야 합니다.

주님, 저의 마음을 정결하게 하시고, 남이 보지 않는 곳에서도 거짓 없이 살게 하소서. 사람들에게 보이는 의로움이 아닌, 하나님 앞에서 진정으로 거룩한 자가 되게 하소서.

마태복음
25:34-36

그때에 임금은 자기 오른쪽에 있는 사람들에게 말하기를 '내 아버지께 복을 받은 사람들아, 와서, 창세 때로부터 너희를 위하여 준비한 이 나라를 차지하여라. 너희는, 내가 주릴 때에 내게 먹을 것을 주었고, 목마를 때에 마실 것을 주었으며, 나그네로 있을 때에 영접하였고, 헐벗을 때에 입을 것을 주었고, 병들어 있을 때에 돌보아 주었고, 감옥에 갇혀 있을 때에 찾아 주었다' 할 것이다.

하나님께서는 창세부터 우리를 위해 준비하신 아름다운 나라를 가지고 계십니다. 하나님의 소망은 우리가 그 나라를 소유하게 되는 것입니다. 주님은 우리 각 사람에게 특별한 관심을 가지며, 주린 자, 목마른 자, 나그네, 헐벗은 자, 병든 자, 감옥에 갇힌 자 등 자유를 누리지 못하는 이들에게 동일한 관심을 두고 계십니다. 하나님께서 준비하신 그 아름다운 나라는 하나님께서 우리를 돌보시듯 우리도 다른 사람에게 사랑과 관심을 베푸는 이들이 차지하게 될 것입니다.

주님은 우리가 무작정 무엇이든 주는 것을 기뻐하지 않으시며, 오히려 그 사람이 진정으로 필요로 하는 것을 줄 때 기뻐하십니다.

하나님, 저에게 명철을 주셔서 참된 필요를 분별할 수 있는 지혜를 허락해 주옵소서.
엉뚱한 것으로 사람을 버릇없게 하는 대신, 온전한 것을 주어 진정한 도움이 되는 자가 되게 하소서.

마태복음 26:28-31

이것은 죄 사함을 얻게 하려고 많은 사람을 위하여 흘리는 바 나의 피 곧 언약의 피니라 그러나 너희에게 이르노니 내가 포도나무에서 난 것을 이제부터 내 아버지의 나라에서 새것으로 너희와 함께 마시는 날까지 마시지 아니하리라 하시니라 이에 그들이 찬미하고 감람산으로 나아가니라 그때에 예수께서 제자들에게 이르시되 오늘 밤에 너희가 다 나를 버리리라 기록된 바 내가 목자를 치리니 양의 떼가 흩어지리라 하였느니라(한글개역)

예수님께서 많은 사람의 죄 사함을 얻게 하려고 어린양이 되셨고 하나님께서는 어린양의 피로 약속하신 대로 우리가 죄 사함을 받고 약속대로 하나님의 자녀가 되게 하셨습니다.

사탄은 우리의 목자를 치면 우리가 다 흩어지고 파멸에 이르리라고 생각하지만, 하나님께서는 성령을 보내셔서 우리를 흩어지지 않게 하시고 모으고 보호하며 은혜를 주셔서 절대로 떨어질 수 없는 관계를 유지하게 하십니다.

언약의 피는 예수 그리스도의 십자가의 피로서 내게는 불가능하나 하나님께서 가능하게 하신 구원을 이루게 하셨으니, 이것이 나의 믿음의 공로가 아니라 오직 하나님의 긍휼하심의 은혜임을 믿고 찬송하며 광야 같은 세상을 주님이 주시는 담대함으로 주님이 신기시는 신을 신고 옷을 입고 만나를 거두어 먹으며 걸어갑니다.

마가복음 1:10-13

예수께서 물 속에서 막 올라오시는데, 하늘이 갈라지고, 성령이 비둘기같이 자기에게 내려오는 것을 보셨다. 그리고 하늘로부터 소리가 났다. "너는 내 사랑하는 아들이다. 내가 너를 좋아한다." 그리고 곧 성령이 예수를 광야로 내보내셨다. 예수께서 사십 일 동안 광야에 계셨는데, 거기서 사탄에게 시험을 받으셨다. 예수께서 들짐승들과 함께 지내셨는데, 천사들이 그의 시중을 들었다.

예수께서 침례를 받으신 후, 곧바로 성령의 인도하심을 받아 40일 동안 광야에서 사탄에게 시험을 받으셨고, 들짐승들과 함께 지내셨으며, 천사들이 그를 시중 들었습니다.
예수님의 침례 사건은 하나님께서 오랫동안 기다리셨던 순간으로, 하나님께서 스스로를 나타내시며 성부, 성자, 성령이 하나 되어 세상을 변화시키는 놀라운 일이 일어나고 있었습니다. 이 사건 후에 예수님이 천상의 신비로운 경험을 하셨다면 얼마나 좋았을까요? 하지만 예수님은 성령의 인도로 광야로 내보내졌습니다. 이는 분명 의도된 일이었습니다.

40일 동안 광야에서 지내시는 기간은, 인간적으로는 감당할 수 없는 고난의 시간이었습니다. 예수님은 나무도, 물도, 잠잘 곳도 없는 광야에서 들짐승들과 함께 지내며 40일 밤낮을 보내셨습니다. 그곳에서 사탄의 시험을 받으셨습니다. 사탄은 예수님께 명예와 육신의 필요를 충족시키고 하나님의 아들임을 증명할 기회를 주었지만, 예수님은 이를 단호히 거부하셨습니다. 예수님이 이 땅에 오신 목적이 분명하셨기 때문입니다. 바로 우리를 위해 고난을 받고 십자가를 지시는 일이었습니다.

이 모든 일은 천사들마저 흠모하는 일이었지만, 광야의 고독한 자리에서 일어났고, 세상에 드러나지 않는 곳에서 이루어졌습니다. 이 말씀을 묵상하며, 나 또한 내가 가는 길과 해야 할 일을 분명히 알고, 그 목표를 향해 광야의 고독한 자리에서, 세상에 드러나지 않는 곳에서, 흔들림 없이 나아가는 자가 되기를 기도드립니다.

아주 이른 새벽에, 예수께서 일어나서 외딴 곳으로 나가셔서, 거기에서 기도하고 계셨다. 그때에 시몬과 그의 일행이 예수를 찾아 나섰다. 그들은 예수를 만나자 "모두 선생님을 찾고 있습니다" 하고 말하였다. 예수께서 그들에게 말씀하셨다. "가까운 여러 고을로 가자. 거기에서도 내가 말씀을 선포해야 하겠다. 나는 이 일을 하러 왔다." 예수께서 온 갈릴리와 여러 회당을 두루 찾아가셔서 말씀을 전하고, 귀신들을 쫓아내셨다.

예수님께서는 이른 새벽 외딴 곳에서 기도하셨습니다. 제자들은 예수님을 찾는 사람들이 많아지자, 그분이 어디로 가셨는지 몰라 찾아 나섰습니다.
사람들은 예수님께서 귀신을 쫓아내고 열병을 치유하셨다는 소문을 듣고, 그분을 찾아왔습니다. 그러나 예수님께서는 여기에서 자신이 이 땅에 오신 목적을 분명하게 말씀하십니다. 그분의 사명은 말

Part 2. 다림줄 말씀 묵상

씀을 선포하는 것이었습니다. 예수님께서는 십자가에서 죽기 전에 복음을 전해야 할 사명으로 마음이 급하셨습니다. 그래서 온 갈릴리의 여러 회당을 찾아가시며 말씀을 전하셨고, 그 말씀을 통해 악한 영들이 쫓겨났습니다.

나는 스스로에게 질문해 봅니다. 나는 무슨 일로 마음이 급하여 이리저리 다니는가? 과연 복음을 전하기 위해 다니고 있는가? 예수님께서는 자신이 3년 후에 죽음을 맞이할 것을 아시고, 충성스럽게 그 사명을 완수하셨습니다. 나는 나의 마지막을 알고 있는가, 내가 운전하고 걸으며 복음을 전할 수 있는 날들이 얼마나 남았는지 생각해 봅니다. 우리는 더 이상 그것을 할 수 없을 때, 후회와 회한으로 스스로를 책망할 것입니다. "그때 그렇게 할걸…" 하는 후회가 찾아올지도 모릅니다.

나의 안식의 날들이 후회로 가득 차지 않도록, 지금 내가 다닐 수 있을 때 예수님의 마음을 닮아 복음을 전하는 자가 되게 하소서.

마가복음
3:7-11

예수께서 제자들과 함께 바닷가로 물러가시니, 갈릴리에서 많은 사람이 따라왔다. 또한 유대와 예루살렘과 이두매와 요단 강 건너편과 그리고 두로와 시돈 근처에서도, 많은 사람이 그가 하신 모든 일을 소문으로 듣고, 그에게로 몰려왔다. 예수께서는 무리가 자기에게 밀려드는 혼잡을 피하시려고, 제자들에게 분부하여 작은 배 한 척을 마련하게 하셨다. 그가 많은 사람을 고쳐 주셨으므로, 온갖 병으로 고통받는 사람들이, 누구나 그에게 손을 대려고 밀려들었기 때문이다. 또 악한 귀신들은 예수를 보기만 하면, 그 앞에 엎드려서 외쳤다. "당신은 하나님의 아들입니다."

예수께서 한쪽 손이 마른 사람을 안식일에 고치신 소식을 듣고, 사방에서 많은 사람들이 예수님의 몸에 손을 대려고 몰려왔습니다. 그들이 원하는 것은 병 고침을 받는 것이었습니다.
그런데 여기서 악한 귀신들은 전혀 다른 반응을 보입니다. 이 악한 귀신들은 사람들 속에서 역사하는 영들입니다. 악한 귀신들은 예수님이 하나님의 아들이심을 정확히 알아보고 그 앞에 엎드려 외쳤습니다. 그러나 예수님이 필요한 사람들은 예수님께 몰려오면서도, 그분을 하나님의 아들로서가 아니라 자신의 문제를 해결해 줄 분으로만 여겼습니다.

예수님은 단순한 문제 해결사가 아닙니다. 예수님은 구원자이십니다. 우리는 예수님께 우리의 문제 해결만을 기대할 것이 아니라, 그분을 우리의 주인으로 모셔야 합니다. 그렇지 않으면, 우리도 악한 귀신들에게 속한 사람이 될 수 있습니다. 예수님은 우리를 창조하신 하나님의 나라로 인도하시는 분입니다.

심지어 악한 귀신들도 예수님이 하나님의 아들이심을 알아보는데, 눈이 가려져 예수님을 하나님의 아들로 알아보지 못하고 거부하는 자들을 불쌍히 여겨주소서.

마가복음 4:30-34

예수께서 또 말씀하셨다. "우리가 하나님의 나라를 어떻게 비길까? 또는 무슨 비유로 그것을 나타낼까? 겨자씨와 같으니, 그것은 땅에 심을 때에는 세상에 있는 어떤 씨보다도 더 작다. 그러나 심고 나면 자라서, 어떤 풀보다 더 큰 가지들을 뻗어, 공중의 새들이 그 그늘에 깃들일 수 있게 된다." 예수께서는, 그들이 알아들을 수 있는 정도로, 이와 같이 많은 비유로 말씀을 전하셨다. 비유가 아니면 말씀하지 않으셨으나, 제자들에게는 따로 모든 것을 설명해 주셨다.

예수님께서는 하나님의 나라를 설명하면서 고민하셨습니다. 눈에 보이지 않는 하나님의 나라를, 특히 이 땅에서 살아 본 적 없는 사람들에게 설명하는 것은 결코 쉬운 일이 아니었을 것입니다. 그 어려움은 하늘의 언어로 설명을 해도 우리가 온전히 이해하지 못하기 때문입니다.

예수님께서 말씀을 전하신 군중은 사회에서 쉽게 지나치기 쉬운 사람들, 소외된 이들이었을 가능성이 큽니다. 그럼에도 불구하고, 하나님 나라의 씨, 즉 예수 그리스도의 복음이 심기면, 이 세상의 어떤 것보다 더 크고 아름다운 일이 일어납니다. 이 나라는 자기를 비우고 다른 사람을 유익하게 하며, 누구든지 그 그늘 아래에서 하나님 나라를 누릴 수 있게 됩니다. 이 과정은 우리가 상상조차 할 수 없는 엄청난 일입니다.

그러나 예수님의 제자가 아니면 이러한 말씀을 깨닫지 못하고, 오히려 예수님을 핍박할 수밖에 없습니다. 제자가 된 자에게는 예수님께서 성령을 통해 모든 것을 설명해 주시기 때문에 그 말씀을 깨달을 수 있습니다.

주님, 제가 예수님의 참된 제자가 되기를 힘쓰게 하소서. 예수님께서는 세상의 모든 것을 버리고 당신을 따르는 자들에게 천 배의 축복과 천국을 유업으로 주신다고 약속하셨습니다. 제가 아직도 버리지 못한 것을 버리게 하시고, 온전히 주님을 따르며 하나님의 나라를 누리게 하소서.

마가복음
5:30-34

예수께서는 곧 자기에게서 능력이 나간 것을 몸으로 느끼시고, 무리 가운데서 돌아서서 "누가 내 옷에 손을 대었느냐?" 하고 물으셨다. 제자들이 예수께 "무리가 선생님을 에워싸고 떠밀고 있는데, 누가 손을 대었느냐고 물으십니까?" 하고 반문하였다. 그러나 예수께서는 그렇게 한 여자를 보려고 둘러보셨다. 그 여자는 자기에게 일어난 일을 알므로, 두려워하여 떨면서, 예수께로 나아와 엎드려서 사실대로 다 말하였다. 그러자 예수께서 그 여자에게 말씀하셨다. "딸아, 네 믿음이 너를 구원하였다. 안심하고 가거라. 그리고 이 병에서 벗어나서 건강하여라."

예수님께서는 우리에게 응답하신 모든 기도를 기억하십니다. 그리고 그 응답을 통해 우리가 하나님께 나아가 영광을 돌리며 구원받기를 원하십니다. 하지만 우리는 종종 기도의 응답을 받고 나서 잊어버리거나, 새로운 문제나 사건이 생길 때까지 기다리며 하나님을 간절한 마음으로 예배하지 않고 살아갑니다. 그러나 기도의 응답은 끝이 아니라, 우리의 삶에서 새로운 장을 여는 시작입니다. 그 응답을 통해 새로운 구원의 길이 열립니다.

믿음이 없었던 자는 이제 믿음을 가지고 평생을 주님과 동행하게 될 것이며, 믿음이 연약한 자는 하나님의 간섭하심을 마음과 몸에 새기고 용감하게 살아갈 것입니다. 믿음이 강한 자는 주님의 임재에 감격하며 충성스럽게 그분을 따를 것입니다.

예수님은 우리에게 기도 응답을 주시면서 그에 대한 대가를 요구하거나 우리를 속박하는 분이 아니십니다. 오히려 "안심하고 가라"고 말씀하시며, 우리의 삶이 다시 그 병에서 벗어나 건강하고 자유롭게 살기를 원하십니다.

믿음이 없는 자는 기도 응답을 받은 후에도 안심하고 건강하게 사는 것이 아니라, 오히려 옛 생활로 돌아가 더 심한 고통에 빠질 수 있습니다. 그렇기에 우리는 기도 응답을 통해 주님께서 주시는 평안과 구원 안에서 살아가야 합니다.

이 새벽에 기도를 응답하시고 믿음 안에서 구원받은 자로서, 주님의 은혜 안에서 평안히 살아갈 수 있도록 인도하시는 주님을 찬양합니다. 주님, 오늘의 삶이 어제의 삶과 같지 않게 하시고, 날마다 주님 안에서 경이롭고 새롭게 하소서.

마가복음
10:46-52

그들은 여리고에 갔다. 예수께서 제자들과 큰 무리와 함께 여리고를 떠나실 때에, 디매오의 아들 바디매오라는 눈먼 거지가 길 가에 앉아 있다가 나사렛 사람 예수가 지나가신다는 말을 듣고 "다윗의 자손 예수님, 나를 불쌍히 여겨 주십시오" 하고 외치며 말하기 시작하였다. 그래서 많은 사람이 조용히 하라고 그를 꾸짖었으나, 그는 더욱더 큰소리로 외쳤다. "다윗의 자손님, 나를 불쌍히 여겨 주십시오." 예수께서 걸음을 멈추시고, 그를 불러오라고 말씀하셨다. 그리하여 그들은 그 눈먼 사람을 불러서 그에게 말하였다. "용기를 내어 일어나시오. 예수께서 당신을 부르시오." 그는 자기의 겉옷을 벗어던지고, 벌떡 일어나서 예수께로 왔다. 예수께서 그에게 말씀하셨다. "내가 너에게 무엇을 하여 주기를 바라느냐?" 그 눈먼 사람이 예수께 말하였다. "선생님, 내가 다시 볼 수 있게 하여 주십시오." 예수께서 그에게 말씀하셨다. "가거라. 네 믿음이 너를 구원하였다." 그러자 그 눈먼 사람은 곧 다시 보게 되었다. 그리고 그는 예수가 가시는 길을 따라 나섰다.

바디매오는 시력을 잃어 아무것도 할 수 없는 사람이었습니다. 길가에서 구걸하는 것이 그의 유일한 생계였습니다. 그의 외침을 귀 기울여 들어 주는 사람은 아무도 없었습니다. 그는 눈은 보이지 않지만 귀로는 들을 수 있었습니다. 사람들은 그가 무엇을 원하느냐고 묻지 않았습니다. 그저 그에게 무엇을 줄지 일방적으로 정하고, 주면 받아들이는 존재로만 여겼습니다.

그러나 주님은 바디매오를 하나님의 소중한 백성으로 보셨고, 그에게 시력을 회복시켜 주셨습니다. 성경은 그가 '다시' 보게 되었다고 기록하고 있는 것으로 보아, 그는 이전에 시력이 있었으나 어떤 사고나 병으로 인해 시력을 잃은 사람임을 알 수 있습니다. 바디매오는 잃어버렸던 시력을 되찾았고, 시력을 잃었을 때 만났던 예수님을 다시 보게 되었을 때는 그분을 따라 나서게 됩니다.

우리의 눈은 많은 것을 보면서 욕심을 키우고, 그로 인해 잃어버리는 것도 많습니다. 마음을 어디에 두어야 할지 혼란스러울 때가 많습니다. 그러나 바디매오는 보이지 않았기에 '보는 것'을 간절히 원했고, 보게 되었을 때는 자신을 사랑하시는 분이 누구인지 깨닫고 그분을 따르게 되었습니다.

주님, 저의 귀가 참된 소식을 듣게 하시고, 참된 것을 보게 하시며, 온전한 길을 따를 수 있도록 인도해 주소서.

마가복음
12:24-27

예수께서 그들에게 말씀하셨다. "너희는 성경도 모르고, 하나님의 능력도 모르니까, 잘못 생각하는 것이 아니냐? 사람이 죽은 사람들 가운데서 살아날 때에는, 장가도 가지 않고 시집도 가지 않고, 하늘에 있는 천사들과 같다. 죽은 사람들이 살아나는 일에 관해서는, 모세의 책에 떨기나무 이야기가 나오는 대목에서, 하나님께서 모세에게 어떻게 말씀하셨는지를, 너희는 읽어 보지 못하였느냐? 하나님께서는 모세에게 말씀하시기를 '나는 아브라함의 하나님이요, 이삭의 하나님이요, 야곱의 하나님이다' 하시지 않으셨느냐? 하나님은 죽은 사람들의 하나님이 아니라, 살아 있는 사람들의 하나님이시다. 너희는 생각을 크게 잘못 하고 있다."

우리는 죽어서 하나님의 나라에 가면 어떻게 살게 될지 궁금해합니다. 하나님의 나라는 내가 중심이 아닌, 하나님이 중심이신 나라입니다. 각자가 가장 아름다운 모습으로 변화된다고 해서 할머니는 나이 들고, 어머니는 중년, 딸은 어린아이로 변하는 나라가 아닙니다. 아브라함, 이삭, 야곱 모두 하나님 앞에 하나님의 아들들로 서 있는 것입니다. 아브라함이 할아버지 모습으로, 이삭이 아들의 모습으로, 야곱이 손자의 모습으로 하나님 앞에 서 있는 것이 아니라, 그들은 모두 살아서 하나님의 자녀로서 그 앞에 서 있습니다.

하나님의 나라는 내 할아버지의 믿음, 내 아버지의 충성으로 내가 따라가는 나라가 아닙니다. 우리 각자가 하나님의 자녀로서 하나님이 주신 몫을 가지고 이 땅에서 예수 그리스도의 대행자로 살도록 부름 받았습니다. 주님이 하셨던 일들을 우리도 이 땅에서 행하도록 하신 것입니다.

살아 계신 하나님 앞에 서서 선한 일에 동참하며, 하나님의 자녀로 살게 하소서.

마가복음 12:40

그들은 과부들의 가산을 삼키고, 남에게 보이려고 길게 기도한다. 이런 사람들이야말로 더 엄한 심판을 받을 것이다.

위선자의 길을 걸으면서도 길들여져서 깨닫지 못하는 자가 되지 않게 하소서.

사랑하는 하나님!
평생을 하나님을 섬기며 살아오신 이영숙 목사님의 묵상 한 줄 기도를 보며 우리 자녀들을 위해 기도드립니다.
우리가 다음 세대들 앞에서 위선자로 보이지 않도록 더욱 경건한 삶을 살아내게 하소서. 다음 세대들은 우리를 보지 않고 예수 그리스도의 흠 없는 생을 보고 닮아 가게 하소서.
예수 그리스도의 다시 오심을 맞이하는 흰옷 입은 주의 백성으로 흠 없이 구별되어 거룩한 제사장들로 세워질 다음 세대들의 모습을 기대하고 소망하며 하나님의 긍휼을 구합니다.

- 예수님의 마음으로 기도하는 사람들 기도문

누가복음
1:45-50

"주님께서 하신 말씀이 이루어질 줄 믿은 여자는 행복합니다." 그리하여 마리아가 말하였다. "내 영혼이 주님을 찬양하며 내 마음이 내 구주 하나님을 좋아함은, 그가 이 여종의 비천함을 보살펴 주셨기 때문입니다. 이제부터는 모든 세대가 나를 행복하다 할 것입니다. 힘센 분이 나에게 큰일을 하셨기 때문입니다. 그의 이름은 거룩하고, 그의 자비하심은, 그를 두려워하는 사람들에게 대대로 있을 것입니다."

엘리사벳은 마리아의 믿음을 칭찬하며, 그녀가 하나님의 사람으로서 감당해야 할 일이 비록 불안하고 위험할지라도 그 자체가 복되다고 격려했습니다. 이 말을 들은 마리아는 마음에 있던 두려움이 사라지고, 새로운 용기와 힘을 얻게 되었습니다. 하나님께서 자신의 몸과 생명을 귀하게 사용하신 일에 깊이 감사하게 되었으며, 이는 마리아에게 놀라운 결과를 가져왔습니다.

사람의 시선으로는 이해할 수 없는 일들이 일어날 수 있습니다. 이때 그 일을 대하는 태도에 따라 낙심하거나, 아니면 큰 용기를 얻어 하나님께 영광을 돌리는 선택이 가능합니다. 우리의 한계를 넘는 이 모든 일을 이루는 힘은 우리의 지혜가 아니라 성령의 인도하심으로입니다. 성령께서 우리를 인도하시면 우리는 하나님의 놀라운 일들이 펼쳐질 것을 확신할 수 있습니다.

하나님의 성령에 이끌려 말하고 행동하여, 생명을 살리는 일에 쓰임받는 제가 되게 하소서.

그것은 이사야의 예언서에 적혀 있는 대로였다. "광야에서 외치는 이의 소리가 있다. 너희는 주님의 길을 예비하고, 그 길을 곧게 하여라. 모든 골짜기는 메우고, 모든 산과 언덕은 평평하게 하고, 굽은 것은 곧게 하고, 험한 길은 평탄하게 해야 할 것이니, 모든 사람이 하나님의 구원을 보게 될 것이다."

우리는 주님이 오실 길을 준비하라는 부르심을 받았습니다. 주님은 우리에게 그 길을 곧게 하라고 말씀하십니다. 구부러진 길에서 벗어나 바른 길로 돌아서라고 하십니다. 또한 모든 골짜기를 메우라고 하십니다. 우리가 빠질 수 있는 낮고 깊은 곳을 채워서 넘어지지 않게 하라는 뜻입니다. 모든 산과 언덕을 낮추어 서로 간의 높고 낮음이 없는 평등한 세상을 이루라고 하십니다. 또한 굽어진 것을 곧게 하라고 하십니다. 비뚤어진 길을 따라가지 말고 하나님의 진리에 맞추어 바른 길을 가라는 의미입니다. 험한 길을 평탄하게 만들라고 하십니다. 주님을 만나기 어려운 나라와 민족, 가정이 있습니다. 그들도 주님을 만날 수 있도록 우리가 그 길을 평탄하게 만들어 주어야 합니다. 모든 사람이 예수 그리스도를 만나 하나님의 구원을 경험할 때, 우리는 이 땅에 하나님의 나라가 임하는 것을 보게 될 것입니다.

제 주변의 작은 일부터 시작하여, 다른 사람들이 주님을 만날 길을 준비하는 자가 되게 하소서.

누가복음
4:42-44

날이 밝자 예수님은 마을을 떠나 외딴 곳으로 가셨다. 한편 사람들은 예수님을 찾다가 만나자 자기들에게서 떠나지 못하게 하려고 하였다. 그러나 예수님은 그들에게 '나는 다른 여러 마을에도 하나님 나라의 기쁜 소식을 전해야 한다. 하나님께서는 이 일을 위해 나를 보내셨다' 하고 말씀하셨다. 그리고서 예수님은 계속 유대 여러 회당에서 전도하셨다.(현대인의 성경)

예수님은 하나님 나라의 모든 지혜와 권능을 소유하신 분으로서, 이 세상에서 이루어야 할 사명이 많음을 아셨습니다. 그분은 아픈 자들을 고치고, 배고픈 자들을 먹이며, 죽은 사람들을 살리셨습니다. 하지만 하나님께서 자신을 보내신 본질적인 목적이 복음을 전하는 일이라는 것을 아셨기에, 사람들이 아무리 그분을 높여 주고 붙잡으려 해도 주저하지 않고 그 사명을 향해 나아가셨습니다.

나 역시 하나님의 자녀로서 내가 존재하는 이유는, 예수 그리스도로 말미암아 구원받았고, 예수님께서 맡기신 일을 이어가는 것입니다. 세상의 인정이나 나를 붙잡으려는 것들로 인해 주춤거리지 않도록 인도하여 주소서.

누가복음 5:8-11

시몬 베드로가 이것을 보고, 예수의 무릎 앞에 엎드려서 말하였다. "주님, 나에게서 떠나 주십시오. 나는 죄인입니다." 베드로 및 그와 함께 있는 모든 사람은, 그들이 잡은 고기가 엄청나게 많은 것에 놀랐던 것이다. 또한 세베대의 아들들로서 시몬의 동료인 야고보와 요한도 놀랐다. 예수께서 시몬에게 말씀하셨다. "두려워하지 말아라. 이제부터 너는 사람을 낚을 것이다." 그들은 배를 뭍에 댄 뒤에, 모든 것을 버려 두고 예수를 따라갔다.

베드로, 야고보, 요한은 예수님의 부르심을 받아 제자가 된 어부들이자 동역자였습니다. 그들은 모두 함께 예수님을 따르며 예수님이 으뜸으로 여기신 제자로 인정받았습니다. 예수님께서 베드로를 부르셨을 때, 야고보와 요한도 자신의 배와 모든 것을 버리고 주님을 따랐습니다. 이후로 이 세 사람은 늘 예수님과 함께하며 복음을 전파하는 사역에 동참했고, 끝까지 충성스럽게 예수님께서 맡기신 사명을 완수했습니다.

이들이 죽을 때까지 충성스러운 사명을 감당할 수 있었던 것은, 서로를 의지하고 신뢰하는 동역자로서의 끈끈한 관계 덕분이었습니다. 처음에는 인간적인 관계로 시작하였습니다. 그 이후, 예수 그리스도 안에서 맺어진 이 관계는 인간적인 관계와는 달리 쉽게 깨지지 않았고, 오히려 고난 속에서 서로를 바라보며 용기와 힘을 얻을 수 있는 관계였을 것입니다. 그들은 고난의 길을 걸으면서도 서로를 통해 격려 받고, 끝까지 복음의 길을 함께 걸어갔을 것입니다.

주님, 우리도 예수 그리스도 안에서 좋은 관계를 맺어 서로를 격려하고 신뢰하며 도우며 충성스럽게 사명을 감당하는 일꾼이 되게 하소서.

누가복음
7:3-7

그 백부장이 예수의 소문을 듣고, 유대 사람들의 장로들을 예수께로 보내어 그에게 청하기를, 와서 자기 종을 낫게 해달라고 하였다. 그들이 예수께로 와서, 간곡히 탄원하기를 "그는 선생님에게서 은혜를 받을 만한 사람입니다. 그는 우리 민족을 사랑하는 사람이고, 우리에게 회당을 지어 주었습니다" 하였다. 예수께서 그들과 함께 가셨다. 예수께서 백부장의 집에서 그리 멀지 않은 곳에 이르렀을 때에, 백부장은 친구들을 보내어, 예수께 이렇게 아뢰게 하였다. "주님, 더 수고하실 것 없습니다. 저는 주님을 내 집에 모셔들일 만한 자격이 없습니다. 그래서 내가 주님께로 나아올 엄두도 못 냈습니다. 그저 말씀만 하셔서, 내 종을 낫게 해주십시오."

여기서 백부장이 자신의 공로를 의지하여 예수님께 당연히 구할 수 있는 자격이 있다고 생각했을 수도 있습니다. 우리 주변에서도 비슷한 태도를 가진 사람들을 종종 보게 됩니다. 예를 들어, 교회에서 큰 헌신을 하거나 열심히 봉사하는 사람이 교회에서 권위를 행사하려 하고, 마음에 들지 않으면 화를 내며 떠나는 경우도 있습니다.

예수님은 예수님께 나아오는 모든 사람을 돕고 고치며 살리셨습니다. 백부장의 경우, 그가 이방인이었음에도 불구하고 예수님께서는 그의 헌신을 아름답게 보시고 그의 집을 향해 가셨을 것입니다.

놀라운 점은 예수님이 가는 도중에 일어난 일이었습니다. 백부장이 "저는 예수님을 볼 자격조차 없고, 제 집에 모셔들일 자격도 없는 미천한 자입니다"라고 말했습니다. 만약 우리가 이 상황에 있었다면, '그렇지, 당연히 예수님을 집에 모셔와야지'라고 생각하며 예수님께 병든 종에게 빨리 가 고쳐 달라고 졸랐을지도 모릅니다.

그러나 백부장의 믿음은 예수님께서 말씀만 하시면 그저 나을 것이라는 확신이었습니다. 반면, 이스라엘 백성들은 예수님의 수많은 기적을 보면서도 믿지 못했으며, 오히려 하신 말씀을 빌미로 예수님을 죽이려 했습니다.

이 말씀을 통해, 예수님을 믿고 구원받은 저에게도 이런 온전한 믿음이 부족함을 통회합니다. 믿지 못하여 멸망에 이르는 자가 아니라, 믿고 구원을 얻는 자가 되게 하옵소서.

누가복음
7:46-50

"너는 내 머리에 기름을 발라 주지 않았으나, 이 여자는 내 발에 향유를 발랐다. 그러므로 내가 네게 말한다. 이 여자는 그 많은 죄를 용서받았다. 그것은 그가 많이 사랑하였기 때문이다. 용서받는 것이 적은 사람은 적게 사랑한다." 그리고 예수께서 그 여자에게 말씀하셨다. "네 죄가 용서받았다." 그러자 상에 함께 앉아 있는 사람들이 속으로 수군거리기를 "이 사람이 누구이기에 죄까지도 용서하여 준다는 말인가?" 하였다. 그러나 예수께서는 그 여자에게 말씀하셨다. "네 믿음이 너를 구원하였다. 평안히 가거라."

이 여자는 동네 사람들이 다 아는 죄인이었지만, 예수님을 만나 그분의 발을 눈물로 적시고 자신의 머리털로 닦고 향유를 발랐습니다. 그녀의 위대함은 무엇보다 예수님의 말씀을 알아듣고 그것을 자신의 마음에 담았다는 데 있습니다. 당시의 지식인과 종교인들은 깨닫지 못했던 말씀을 그녀는 이해했습니다. 그 이유는 그녀가 자신의 죄를 분명히 알고 있었고, 세상에서는 용서받을 수 없는 존재임을 자각하고 있었기 때문입니다.

그런데 예수님의 말씀에서 새로운 희망을 발견하게 되었고, 하나님께 용서받아 하나님의 백성으로 인정받는 위대한 복음이 자신에게도 닿을 수 있음을 믿었습니다. 그녀는 주님을 신뢰하고, 주님의 말씀을 수용하며, 향유를 바르며 감사의 마음을 표현했습니다. 주님 앞에 무릎 꿇고 순종하며 자신의 죄를 용서받고 구원을 얻었으며, 마침내 평안을 누리게 되었습니다.

주님의 말씀을 온전히 신뢰하고, 그 말씀을 마음에 새기며 감사와 순종으로 응답하여 천국 백성으로서의 평안을 누리게 하소서.

누가복음
8:1-3

그 뒤에 예수께서 고을과 마을을 두루 다니시면서, 하나님의 나라를 선포하며 그 기쁜 소식을 전하셨다. 열두 제자가 예수와 동행하였다. 그리고 악령과 질병에서 고침을 받은 몇몇 여자들도 동행하였는데, 일곱 귀신이 떨어져 나간 막달라라고 하는 마리아와 헤롯의 청지기인 구사의 아내 요안나와 수산나와 그 밖에 여러 다른 여자들이었다. 그들은 자기들의 재산으로 예수의 일행을 섬겼다.

예수님께서는 고을과 마을을 두루 다니시며 하나님의 나라를 선포하고 복음의 기쁜 소식을 전하셨습니다. 이 여정에는 열두 제자가 동행하여 예수님께 제자의 도를 배우며, 그들 역시 훗날 자신의 생명을 바쳐 복음을 전하는 자들로 아름답게 쓰임 받았습니다. 또한, 악령과 질병에서 자유롭게 된 몇몇 여인들도 그 여정에 함께하였습니다. 일곱 귀신에게서 해방된 막달라 마리아와 헤롯의 청지기 구사의 아내 요안나, 그리고 수산나를 비롯한 여러 여인들로, 자신들의 재산을 드려 예수님과 제자들을 섬기며 그분의 사역에 동참하였습니다.

이 여인들은 큰 고난과 고통 속에서 살아온 이들로, 예수님을 통해 온전함을 회복한 것 자체가 놀라운 일이었습니다. 그들은 자신을 구원하신 예수님이 아무것도 소유하지 않고, 그 어떠한 대가도 요구하지 않는 분이심을 경험하였고, 오직 그들이 하나님 나라의 백성으로 거듭나기만을 원하시는 예수님의 사랑에 깊이 감동하였습니다. 이로 인해 그들은 예수님과 예수님께서 사랑하시는 자들을 섬기는 것을 인생의 가장 귀한 사명으로 여기게 되었습니다.

예수님은 모든 것을 버려두고 따르는 자들에게 제자의 길을 가르치셨으며, 그 길을 온전히 걷는 이들에게는 예수님의 은혜를 입은 이들이 도움을 주게 하셨습니다. 만약 이 섬김이 없었다면, 복음서에 기록된 아름다운 사역과 복음 전파의 길은 더욱 힘겨웠을 것입니다. 이 세상의 병고를 치유해 주신 주님께서 우리에게 영생의 복을 허락하셨고, 그 은혜에 감격하여 주님과 주님의 일꾼들을 섬기는 일이 생명책에 기록된 큰 특권임을 깨닫습니다. 예수님을 경험한 자만이 누릴 수 있는 이 특권을 소중히 여기며, 주님을 만나는 그날까지 주님을 사랑하고 주님을 따르는 자들을 섬기며 사랑하게 하소서.

누가복음
14:26-30

누구든지 내게로 오는 사람은, 자기 아버지나 어머니나, 아내나 자식이나, 형제나 자매뿐만 아니라, 심지어 자기 목숨까지도 미워하지 않으면, 내 제자가 될 수 없다. 누구든지 자기 십자가를 지고 나를 따라오지 않으면, 내 제자가 될 수 없다. 너희 가운데서 누가 망대를 세우려고 하면, 그것을 완성할 만한 비용이 자기에게 있는지를, 먼저 앉아서 셈하여 보아야 하지 않겠느냐? 그렇게 하지 않아서, 기초만 놓은 채 완성하지 못하면, 보는 사람들이 그를 비웃을 것이며, '이 사람이 짓기를 시작만 하고, 끝내지는 못하였구나' 하고 말할 것이다.

하나님의 나라는 내가 소유한 것으로 들어갈 수 있는 나라가 아닙니다. 오직 예수님을 믿고, 그분께서 나의 죄를 대속하시기 위해 십자가에서 죽으셨음을 의지함으로 들어가는 나라입니다.
하나님 나라의 백성이 되기 위해서는 예수 그리스도의 십자가 보혈로 새롭게 태어나야 합니다. 그렇게 거듭나 하나님의 백성이 되었음에도 불구하고, 다시 영원한 사망으로 이끄는 길을 바라보는 자는 인생을 헛 사는 자입니다.

예수님께서는 이미 우리의 길을 위해 모든 계산을 마치셨습니다. 그런데도 우리가 다시 옛날로 돌아간다면, 이는 어리석은 행동이 될 것입니다. 예수님께서는 이런 사람을 '기초만 놓고 시작했으나 끝내지 못한 자'라고 말씀하십니다. 집을 세울 때 기초를 놓고 완성하기까지의 과정이 쉽지는 않지만, 이미 완성된 그림이 내 마음속에 그려져 있다면 그 과정이 감사와 은혜가 됩니다.

완성된 그림을 마음에 품고 사는 자는 낙심하지 않으며, 중간에 포기하지 않습니다. 최종 완성의 기쁨이 크기 때문입니다.

하나님, 제가 걷는 길이 튼튼한 기초 위에 세워진 길이 되게 하시고, 매일 선한 싸움을 싸우며 나아가는 순간들이 마침내 완성에 이르는 기쁨의 과정이 되게 하소서.

누가복음
16:10-13

지극히 작은 일에 충실한 사람은 큰일에도 충실하고, 지극히 작은 일에 불의한 사람은 큰일에도 불의하다. 너희가 불의한 재물에 충실하지 못하였으면, 누가 너희에게 참된 것을 맡기겠느냐? 또 너희가 남의 것에 충실하지 못하였으면, 누가 너희에게 너희의 몫인들 내주겠느냐? 한 종이 두 주인을 섬기지 못한다. 그가 한쪽을 미워하고 다른 쪽을 사랑하거나, 한쪽을 떠받들고 다른 쪽을 업신여길 것이다. 너희는 하나님과 재물을 함께 섬길 수 없다.

하나님은 우리의 아버지이시며, 우리의 참된 몫을 준비하고 계십니다. 하나님께서는 우리를 훈련하시고 충성된 사람에게 준비하신 복을 허락하십니다. 우리가 하나님을 아버지라 부르지만 마음이 하나님과 다른 곳에 있다면, 사람은 속일 수 있을지 몰라도 하나님은 속일 수 없습니다. 마치 결혼 생활에서 배우자를 사랑한다고 하면서도 다른 사람과 관계를 맺는 것처럼, 겉으로는 충실해 보일지라도 마음이 나뉘어 있다면 그 사랑은 진실하지 않습니다. 하나님을 사랑한다고 하면서도 세상의 다른 것을 사랑한다면, 이는 하나님을 향한 거짓말이 됩니다.

하나님을 사랑한다는 것은 그분의 말씀을 지키며, 말씀 안에서 하나님을 닮아 가는 것입니다.
하나님께서 보시기에 합당한 때에 우리를 위해 준비하신 몫을 허락하셔서, 우리로 하여금 하나님 안에서 살아가게 하십니다.

제 삶이 두 갈래 길에서 방황하지 않고 하나님의 선하심을 향해 조금씩 신중히 나아가게 하여 주옵소서.

누가복음
23:34-40

[그때에 예수께서 말씀하셨다. "아버지, 저 사람들을 용서하여 주십시오. 저 사람들은 자기네가 무슨 일을 하는지를 알지 못합니다."] 그들은 제비를 뽑아서, 예수의 옷을 나누어 가졌다. 백성은 서서 바라보고 있었고, 지도자들은 비웃으며 말하였다. "이 자가 남을 구원하였으니, 정말 그가 택하심을 받은 분이라면, 자기나 구원하라지." 병정들도 예수를 조롱하였는데, 그들은 가까이 가서, 그에게 신 포도주를 들이대면서, 말하였다. "네가 유대인의 왕이라면, 너나 구원하여 보아라." 예수의 머리 위에는 "이는 유대인의 왕이다" 이렇게 쓴 죄패가 붙어 있었다. 예수와 함께 달려 있는 죄수 가운데 하나도 그를 모독하며 말하였다. "너는 그리스도가 아니냐? 너와 우리를 구원하여라." 그러나 다른 하나는 그를 꾸짖으며 말하였다. "똑같은 처형을 받고 있는 주제에, 너는 하나님이 두렵지도 않으냐?"

예수님께서 십자가에 달리셔서 참혹한 고통 속에서도 "아버지, 저 사람들을 용서하여 주십시오. 저 사람들은 자기네가 무슨 일을 하는지를 알지 못합니다"라고 기도하신 장면은 우리에게 깊은 영적 깨달음을 줍니다. 그때 그 자리에 있던 사람들 중에는 예수님을 조롱하고 무시하는 자들이 있었고, 예수님의 고난을 비웃는 군중도 있었습니다. 그러나 그 가운데 한 죄수는 자신들과 달리 예수님이 무고하신 분이라는 것을 깨닫고, 하나님을 경외하는 마음으로 예수님을 바라보았습니다.

이처럼 우리도 때때로 군중의 소리에 휩쓸려 진리를 놓칠 때가 많습니다. 자기 이익과 권리만을 주장하다가 시야가 가려지고, 고통 속에서 자책과 억울함에 갇혀 소리치며, 자신만의 감옥에 갇힐 때가 있습니다. 하지만 예수님께서 보여주신 진리와 용서의 본을 생각하며, 세상의 외침과 자기 감정에 휩쓸리지 않도록 깨어 있어야 합니다.

주님, 어떤 상황에서도 진리이신 주님을 바로 보고 따를 수 있는 분별력을 허락해 주십시오. 내 아픔이 크고 손해를 보더라도, 군중의 의견에 휩쓸리지 않고 예수님 곁에 있던 죄수처럼 하나님을 두려워하며 주님의 길을 겸손히 따르도록 은혜를 베풀어 주시옵소서.

누가복음 24:46-53

그들에게 말씀하셨다. "이렇게 기록되어 있다. 곧 '그리스도는 고난을 겪으시고, 사흘째 되는 날에 죽은 사람들 가운데서 살아나실 것이며, 그의 이름으로 죄 사함을 받게 하는 회개가 모든 민족에게 전파될 것이다' 하였다. 예루살렘에서부터 시작하여 너희는 이 일의 증인이다. [보아라,] 나는 내 아버지께서 약속하신 것을 너희에게 보낸다. 그러므로 너희는 위로부터 오는 능력을 입을 때까지, 이 성에 머물러 있어라." 그리고 예수께서는 그들을 [밖으로] 베다니까지 데리고 가서, 손을 들어 그들을 축복하셨다. 예수께서는 그들을 축복하시는 가운데, 그들에게서 떠나 하늘로 올라가셨다. 그들은 예수께 경배하고, 크게 기뻐하면서, 예루살렘으로 돌아가서, 하나님을 찬양하면서 날마다 성전에서 지냈다.

예수님께서 이 땅에서의 사역을 마치시고 승천하시기 직전의 장면을 생생하게 보여주는 말씀입니다. 예수님께서는 제자들에게 "그리스도는 고난을 겪으시고 사흘째 되는 날에 죽은 자 가운데서 살아나시며, 그의 이름으로 죄 사함을 받게 하는 회개가 모든 민족에게 전파될 것이다"라고 기록된 대로 이루어질 것을 알려 주셨습니다. 예루살렘에서 시작하여 제자들이 이 일의 증인이 될 것을 강조하신 예수님은 우리 또한 그분의 제자로서 이 복음을 전파할 사명을 부여받았음을 일깨워 줍니다.

예수님께서 우리를 그저 보내시는 것이 아니라, 성령의 능력을 덧입혀 주시고 그 일을 감당할 힘을 주십니다. 예수님께서는 제자들을 축복하시며 승천하셨고, 우리 역시 그 축복 가운데 부름 받은 사명자들입니다. 하나님의 구원의 역사가 시작되었으며, 그 사명을 우리에게 맡기셨고 그 일을 위해 성령의 능력을 약속하셨습니다.

나의 역할은 하나님을 찬양하며, 모여서 예배하는 것입니다. 찬양과 예배를 통해 성령의 충만함을 경험하고, 그 기쁨으로 주님의 사역이 지속될 것입니다. 하나님께 드리는 예배가 매 순간 새로워지며, 성삼위 하나님을 만나는 감격을 누리는 시간이 되게 하소서.

요한복음
2:23-25

예수께서 유월절에 예루살렘에 계시는 동안에, 많은 사람이 그가 행하시는 표징을 보고 그 이름을 믿었다. 그러나 예수께서는 모든 사람을 알고 계시므로, 그들에게 몸을 맡기지 않으셨다. 그는 사람에 대해서는 어느 누구의 증언도 필요하지 않으셨기 때문이다. 그는 사람의 마음속에 있는 것까지도 알고 계셨던 것이다.

예수님께서 유월절 동안 예루살렘에 계실 때, 많은 사람들이 그분이 행하시는 기적을 보고 믿음을 가졌습니다. 그러나 예수님은 그들의 마음속 깊은 것을 아시기에, 그들에게 자신을 완전히 맡기지 않으셨습니다. 예수님께서는 사람에 대한 외부의 증언이 필요하지 않았습니다. 그분은 사람의 속마음까지도 꿰뚫어 보시는 분이기 때문입니다.

예수님이 우리를 구원하시고 인도하시는 것은 우리가 그분을 잘 속이거나 완벽하게 보이려 노력해서가 아닙니다. 오히려 예수님은 우리의 연약함과 결핍, 그리고 마음속 깊은 곳의 어두움까지도 아시면서도 우리를 받아 주십니다. 그렇기에 우리가 할 수 있는 유일한 일은 자신을 있는 그대로 인정하고 도움을 구하는 것입니다.

나를 나보다 더 잘 아시는 주님 앞에서 솔직하게 나아가게 하소서.

요한복음
3:31-36

위에서 오시는 이는 모든 것 위에 계신다. 땅에서 난 사람은 땅에 속하여서, 땅의 것을 말한다. 하늘에서 오시는 이는 [모든 것 위에 계시고], 자기가 본 것과 들은 것을 증언하신다. 그러나 아무도 그의 증언을 받아들이지 않는다. 그의 증언을 받아들인 사람은, 하나님의 참되심을 인정한 것이다. 하나님께서 보내신 이는 하나님의 말씀을 전한다. 그것은, 하나님께서 그에게 성령을 아낌없이 주시기 때문이다. 아버지는 아들을 사랑하셔서, 모든 것을 아들의 손에 맡기셨다. 아들을 믿는 사람에게는 영생이 있다. 아들에게 순종하지 않는 사람은 생명을 얻지 못하고, 도리어 하나님의 진노를 산다.

예수님께서 하늘로부터 오신 분임을 강조하며, 그분이 모든 것 위에 계신 하나님이심을 묘사합니다. 땅에 속한 사람은 땅의 것을 말할 뿐이지만, 예수님은 하늘에서 오셔서 하나님께 들은 것과 본 것을 증언하십니다. 안타깝게도 그분의 증언을 받아들이는 이들은 드물지만, 그 증언을 받아들이는 사람은 하나님의 참되심을 인정하는 것입니다. 하나님은 예수님께 성령을 한없이 부어 주셨으며, 예수님을 믿는 자들에게 영생을 약속하셨습니다. 반면, 그분께 순종하지 않는 자는 하나님의 진노를 피할 수 없습니다.

하나님께서는 우리에게 하늘에 속한 영을 주시어, 모든 것 위에 계신 하나님을 알게 하시고 예수 그리스도께서 하나님으로부터 오셨음을 믿게 하십니다. 우리는 본래 땅에 속해 죄 가운데 살며 빛을 보지 못하고 어두운 길을 더듬던 자들이었습니다. 앞이 보이지 않아 넘어지고 고통 가운데 살던 인생이었습니다. 그러나 예수 그리스도로 인해 죄 사함을 받고 빛을 발견하게 되었으며, 이제는 그 빛을 따라 살아가는 인생이 되었습니다. 빛 가운데 거함으로 어둠이 더 이상 우리를 지배하지 못하고, 우리는 영원한 생명으로 들어가는 은혜를 누리게 됩니다.

하나님께서 아들에게 성령을 한없이 부어 주신 것처럼, 우리도 그 안에 있는 생명을 누리게 하셔서, 성령의 능력으로 예수 그리스도를 주로 섬기며 순종하는 삶을 살게 하소서.

요한복음
4:21-26

예수께서 말씀하셨다. "여자여, 내 말을 믿어라. 너희가 아버지께, 이 산에서 예배를 드려야 한다거나, 예루살렘에서 예배를 드려야 한다거나, 하지 않을 때가 올 것이다. 너희는 너희가 알지 못하는 것을 예배하고, 우리는 우리가 아는 분을 예배한다. 구원은 유대 사람들에게서 나기 때문이다. 참되게 예배를 드리는 사람들이 영과 진리로 아버지께 예배를 드릴 때가 온다. 지금이 바로 그때이다. 아버지께서는 이렇게 예배를 드리는 사람들을 찾으신다. 하나님은 영이시다. 그러므로 하나님께 예배를 드리는 사람은 영과 진리로 예배를 드려야 한다." 여자가 예수께 말했다. "나는 그리스도라고 하는 메시아가 오실 것을 압니다. 그가 오시면, 우리에게 모든 것을 알려 주실 것입니다." 예수께서 말씀하셨다. "너에게 말하고 있는 내가 그다."

예수님은 사마리아 여인에게 자신이 그녀가 소망하던 메시아임을 분명히 밝혀 주십니다.

과거에는 예루살렘에서 드리는 예배만이 참된 예배로 여겨졌지만, 이제는 예배의 장소보다 '영과 진리'로 하나님께 예배하는 것이 중요하다고 가르치십니다. 하나님께서는 이러한 참된 예배자를 찾으시며, 그들이 모인 곳은 어디든지 하나님께서 임재하시는 거룩한 예배의 처소가 될 것입니다.

예수님이 굳이 사마리아로 가신 이유는 무엇이었을까요?

아마도 메시아를 기다리며 간절히 소망하던 이 여인의 갈망에 응답하기 위함이었을 것입니다. 이 여인은 그리스도께서 오시면 모든 것을 알려 주실 것이라는 믿음을 가지고 있었습니다. 하나님은 이처럼 메시아를 사모하고 기다리는 사람에게 응답하시며, 직접 찾아가시는 분이십니다.

우리는 신앙 생활을 하면서 물질적 필요와 소원을 우선하는, 일종의 소비자적 신앙을 갖고 있을지도 모릅니다. 그러나 하나님께서 원하시는 나라는 우리의 욕망을 채워 주는 세상이 아닌, 하나님이 바라시는 거룩한 뜻이 이루어지는 나라입니다. 하나님께서는 우리가 이러한 하나님 나라를 간절히 소망하며 그분의 뜻에 맞게 살아가기를 바라십니다. 그곳이 바로 하나님께서 함께하시는 예배의 장소가 될 것이며, '영과 진리'로 드리는 참된 예배의 처소가 될 것입니다.

주님, 저의 시선이 주님께서 바라보시는 곳과 하나 되게 하시고, 그곳을 향해 감사와 예배로 나아가게 하소서.

요한복음
4:31-35

그러는 동안에, 제자들이 예수께, "랍비님, 잡수십시오" 하고 권하였다. 그러나 예수께서는 그들에게 말씀하시기를 "나에게는 너희가 알지 못하는 먹을 양식이 있다" 하셨다. 제자들은 "누가 잡수실 것을 가져다 드렸을까?" 하고 서로 말하였다. 예수께서 그들에게 말씀하셨다. "나의 양식은, 나를 보내신 분의 뜻을 행하고, 그분의 일을 이루는 것이다. 너희는 넉 달이 지나야 추수 때가 된다고 하지 않느냐? 그러나 나는 너희에게 말한다. 눈을 들어서 밭을 보아라. 이미 곡식이 익어서, 거둘 때가 되었다."

제자들이 예수님께 식사를 권할 때, 예수님께서는 "나에게는 너희가 알지 못하는 먹을 양식이 있다"라고 말씀하셨습니다. 육신을 지니신 예수님께서 분명 우리처럼 음식과 물을 섭취하셨겠지만, 여기서 예수님이 말씀하시는 '양식'은 그 이상의 의미를 담고 있습니다. 이 말씀은 예수님께서 사마리아 여인에게 천국 복음을 전하신 후,

복음을 들은 사마리아 사람들이 예수님께로 오는 모습을 보며 하신 말씀입니다.

일반적인 농사에서는 씨를 뿌리고 넉 달이 지나야 추수할 때가 옵니다. 그러나 예수님께서는 "눈을 들어 밭을 보아라. 이미 곡식이 익어서 거둘 때가 되었다"라고 하며, 복음을 들은 사람들은 말씀을 들은 즉시 열매 맺는 익은 곡식과 같다고 하십니다. 예수님께서 말씀하신 '먹을 양식'은 바로 하나님의 뜻을 이루는 추수의 사역을 의미합니다. 이 추수를 통해 하나님의 집은 풍성해지고 기쁨의 잔치가 벌어지게 될 것입니다.

하나님께서 계획하신 구원의 일을 이루기 위해 예수님께서 뿌린 씨앗은 이제 우리에게 수확할 사명으로 주어졌습니다. 하나님의 뜻은 예수님께서 시작하신 이 추수를 우리를 통해 완성하는 것입니다. 예수님의 사역에 동참하여 하나님 나라의 익은 곡식을 거두는 충성된 종으로 부름 받은 저에게, 말씀의 낫을 허락하셔서 많은 영혼을 수확하게 하옵소서.

요한복음 5:36-39

그러나 나에게는 요한의 증언보다 더 큰 증언이 있다. 아버지께서 나에게 완성하라고 주신 일들, 곧 내가 지금 하고 있는 바로 그 일들이, 아버지께서 나를 보내셨다는 것을 증언하여 준다. 또 나를 보내신 아버지께서 친히 나를 위하여 증언하여 주셨다. 너희는 그 음성을 들은 일도 없고, 그 모습을 본 일도 없다. 또 그 말씀이 너희 속에 머물러 있지도 않다. 그것은 너희가, 그분이 보내신 이를 믿지 않기 때문이다. 너희가 성경을 연구하는 것은, 영원한 생명이 그 안에 있다고 생각하기 때문이다. 성경은 나에 대하여 증언하고 있다.

예수님께서는 사람의 증언이 필요하지 않으심을 밝히십니다. 예수님께서 하시는 일들은 사람의 능력으로는 도저히 감당할 수 없는 일들로, 오직 하나님께서만 이루실 수 있는 일들이기 때문입니다. 우리는 하나님을 육안으로 볼 수 없지만, 예수님께서 하신 일들을 통해 하나님께서 우리 가운데 역사하고 계심을 알 수 있습니다.

예수님께서 이 땅에 오신 목적은 완전한 사랑으로 자신을 속죄 제물로 드려, 우리 죄를 대속하시기 위함이었습니다. 예수님께서는 우리 죄를 대신하여 십자가에 죽으시고, 이를 통해 우리의 죄를 속량하셨습니다. 그리고 예수님께서 죽으실 때 우리의 옛사람도 함께 죽었고, 하나님께서 예수님을 다시 살리셨을 때, 그 부활의 능력 안에서 우리도 함께 새 생명을 얻어 부활하게 되었습니다. 이러한 은혜로 인해 우리는 예수님과 함께 영생의 복을 누리게 되었습니다.

성경은 바로 이 놀라운 복음의 진리를 우리에게 증언하며, 우리로 믿고, 구원에 이르게 하려 합니다. 그러므로 이 놀라운 일을 놀랍게 여기고 전하는 자가 되게 하여 주옵소서.

요한복음 6:37-40

아버지께서 내게 주시는 사람은 다 내게로 올 것이요, 또 내게로 오는 사람은 내가 물리치지 않을 것이다. 그것은, 내가 내 뜻을 행하려고 하늘에서 내려온 것이 아니라, 나를 보내신 분의 뜻을 행하려고 왔기 때문이다. 나를 보내신 분의 뜻은, 내게 주신 사람을 내가 한 사람도 잃어버리지 않고, 마지막 날에 모두 살리는 일이다. 또한 아들을 보고 그를 믿는 사람은 누구든지 영생을 얻게 하시는 것이 내 아버지의 뜻이다. 나는 마지막 날에 그들을 살릴 것이다.

우리의 참된 기쁨과 소망은 예수님께서 "아버지께서 내게 주시는 사람은 다 내게로 올 것이요, 또 내게로 오는 사람은 내가 결코 물리치지 않을 것이다"라고 말씀하신 데 있습니다. 우리가 하나님 앞에 나아갈 수 있는 이유는 우리가 스스로 선택한 것이 아니라, 하나님께서 우리를 지명하시고 불러 주셨기 때문입니다.

예수님은 하나님께서 자신에게 맡기신 사람들을 한 사람도 잃어버리지 않고, 마지막 날에 모두 살리겠다고 약속하셨습니다. 이는 예수님께서 이 땅에 오신 분명한 목적입니다. 이 '살리는 일'이란 예수님을 믿고 그분의 속죄 사역을 받아들인 사람들에게 영생을 주시는 것입니다. 이것이 바로 예수님을 보내신 하나님의 뜻입니다.

이 뜻을 믿고 따르는 사람은 영생을 얻을 것이며, 예수 그리스도의 재림의 날에 다시 살아날 것입니다. 이는 단순히 우리의 믿음으로 이루어지는 일이 아닙니다. 구원은 삼위일체 하나님의 놀라운 계획 속에서 이루어집니다. 하나님께서 뜻을 정하시고 구원의 계획을 세우셨으며, 예수님께서 우리의 죄를 대신해 십자가에서 죽으심으로 그 계획을 이루셨고, 성령님께서 우리를 도우셔서 믿음 안에 살게 하십니다.

이 모든 구원의 역사를 이루시는 삼위일체 하나님께 찬양과 영광을 올려 드립니다. 하나님께서 시작하시고 완성하시는 이 놀라운 은혜의 계획 안에 우리를 두신 것에 감사하며, 그분을 찬양하며 예배합니다.

요한복음
7:37-39

명절의 가장 중요한 날인 마지막 날에, 예수께서 일어서서, 큰 소리로 말씀하셨다. "목마른 사람은 다 나에게로 와서 마셔라. 나를 믿는 사람은, 성경이 말한 바와 같이, 그의 배에서 생수가 강물처럼 흘러나올 것이다." 이것은, 예수를 믿은 사람이 받게 될 성령을 가리켜서 하신 말씀이다. 예수께서 아직 영광을 받지 않으셨으므로, 성령이 아직 사람들에게 오시지 않았다.

예수님께로 나아가는 사람들은 모두 목마른 자들입니다. 우리는 태어나면서부터 영적인 갈증을 느끼는 존재들입니다. 세상 속에서 그 갈증을 해소하려 애쓰지만, 세상이 주는 것으로는 결코 채워지지 않는 갈증입니다. 이러한 갈증은 결국 죄로 인해 생긴 불안정함과 공허함에서 비롯됩니다. 이로 인해 우리는 때로 슬픔과 외로움 속에서 끝없이 무언가를 좇으며 살아갑니다. 이러한 근원적인 갈증에 대해 예수님은 해결책을 제시하셨습니다.

"목마른 사람은 다 나에게로 와서 마셔라. 그의 배에서 생수가 강물처럼 흘러나올 것이다."

이는 세상 그 누구도 감히 할 수 없는 말씀입니다. 오직 예수님만이 우리 영혼의 목마름을 완전히 해결하실 수 있습니다. 우리가 예수 그리스도를 믿을 때, 성령께서 우리 안에 임하시며 우리 삶을 변화시키십니다. 성령님이 주시는 은혜로 인해 우리는 더 이상 목마르지 않습니다.

잠시 고난이 닥칠 수는 있지만, 예수님께서 주시는 평강은 세상이 빼앗아 갈 수 없는 것입니다. 성령님이 우리 안에 거하시면 우리의 삶에는 생수의 강물이 흘러 넘칩니다. 그것은 단지 우리 자신에게 머무는 것이 아니라, 세상으로 흘러가 다른 이들을 살리고 풍요롭게 만드는 은혜의 통로가 됩니다.

오늘도 제 안에 온전하신 성령님을 모시고 살아가기를 원합니다. 세상의 것에 갈증을 느끼지 않고, 제 삶에서 생수의 강물이 흘러넘쳐 다른 이들에게도 주님의 은혜를 나누는 하루가 되게 하소서. 잠시 고난이 온다 해도 예수님 안에서 누리는 평강을 빼앗기지 않게 하시고, 늘 주님의 말씀을 따라 믿음 안에서 살아가게 하소서.

요한복음 9:29-33

"우리는 하나님께서 모세에게 말씀하셨다는 것을 알고 있다. 그러나 그 사람은 어디에서 왔는지 우리는 알지 못한다." 그가 그들에게 대답하였다. "그분이 내 눈을 뜨게 해주셨는데도, 여러분은 그분이 어디에서 왔는지 모른다니, 참 이상한 일입니다. 하나님께서는 죄인들의 말은 듣지 않으시지만, 하나님을 공경하고 그의 뜻을 행하는 사람의 말은 들어주시는 줄을, 우리는 압니다. 나면서부터 눈먼 사람의 눈을 누가 뜨게 하였다는 말은, 창세로부터 이제까지 들어 본 적이 없습니다. 그가 하나님께로부터 오신 분이 아니라면, 아무 일도 하지 못하셨을 것입니다."

이 대화에서 시각장애인은, 예수님께서 죄인이셨다면 하나님께서 그의 말을 들으시고 기적을 행하실 수 없었을 것임을 분명히 밝힙니다. 그는 예수님이 의로운 분이기에 하나님께서 예수님의 말을 들으셨다고 담대히 증언합니다.

이 말씀은 우리의 기도 생활에도 깊은 교훈을 줍니다. 우리가 예수님의 이름으로 기도할 때, 우리의 의로움이나 자격 때문에 응답 받는 것이 아닙니다. 오직 예수님께서 하나님의 아들이시며 의로우신 분이기에, 우리가 그의 이름으로 하나님께 나아갈 수 있고, 응답을 받을 수 있습니다.

만약 예수님이 없었다면, 우리는 결코 하나님 앞에 나아갈 길이 없었을 것입니다. 하나님의 기적과 은혜를 경험할 기회조차 없었을 것입니다.

그러므로 오늘도 우리의 삶 가운데 나타나는 크고 작은 하나님의 기적들을 당연하게 여기지 말고, 깊이 묵상하며 감사의 마음으로 반응해야 합니다.

우리의 눈을 열어 하나님의 은혜를 더 분명히 보게 하시고, 매일의 삶 속에서 감사와 찬양이 흘러넘치게 하옵소서. 우리의 삶 속에서 베풀어 주신 은혜와 기적을 기억하며 감사하게 하소서. 예수님의 의로우심으로 우리가 하나님께 나아갈 수 있음을 깨닫게 하시고, 우리의 기도에 응답하시는 주님의 사랑에 더욱 의지하게 하소서. 우리의 매일의 삶 속에서 하나님의 기적을 놓치지 않게 하시고, 항상 감사와 찬양이 넘치는 삶을 살게 하소서.

요한복음
11:41-45

사람들이 그 돌을 옮겨 놓았다. 예수께서 하늘을 우러러 보시고 말씀하셨다. "아버지, 내 말을 들어주신 것을 감사드립니다. 아버지께서는 언제나 내 말을 들어주신다는 것을 압니다. 그런데도 이렇게 말씀을 드리는 것은, 둘러선 무리를 위해서입니다. 그들로 하여금 아버지께서 나를 보내신 것을 믿게 하려는 것입니다." 이렇게 말씀하신 다음에, 큰 소리로 "나사로야, 나오너라" 하고 외치시니, 죽었던 사람이 나왔다. 손발은 천으로 감겨 있고, 얼굴은 수건으로 싸매여 있었다. 예수께서 그들에게 "그를 풀어 주어서, 가게 하여라" 하고 말씀하셨다. 마리아에게 왔다가 예수께서 하신 일을 본 유대 사람들 가운데서 많은 사람이 예수를 믿게 되었다.

나사로의 부활 사건은 예수님께서 하나님의 영광을 나타내시는 중요한 장면입니다. 예수님께서는 돌이 옮겨진 후 하늘을 우러러보며 "아버지, 내 말을 들어주신 것을 감사드립니다"라고 기도하십니다.

이는 예수님께서 항상 하나님과 연합된 삶을 사시며 하나님의 뜻에 완전히 순종하시는 모습을 보여줍니다. 예수님은 자신의 행위를 설명하실 필요가 없으셨지만, 둘러선 무리들이 하나님께서 예수님을 보내셨다는 것을 믿게 하시기 위해 이렇게 말씀하셨습니다.

그 후, "나사로야, 나오너라"라는 예수님의 명령에 따라 죽었던 나사로가 나와서 새로운 생명을 얻게 됩니다. 이 장면은 단순한 기적 이상의 의미를 담고 있습니다. 이는 예수님께서 생명의 주인이심을 나타내며, 죽음까지도 예수님의 권세 아래 있음을 증거합니다. 또한, 예수님께서 죽음과 생명의 경계를 초월하시는 분임을 보여줍니다.

우리는 예수님처럼 하나님과의 깊은 연합 가운데 살지 못하기에, 하나님의 일하심을 종종 깨닫지 못합니다. 그러나 예수님께서는 무지한 제자들과 3년의 시간을 함께하며 그들에게 하나님의 진리를 가르치고 그분의 사랑을 새기셨습니다. 예수님의 사랑과 헌신은 태초부터 영원까지 이어지는 하나님의 기다림과 인내를 담고 있습니다. 이를 생각할 때, 주님의 사랑에 감격하며 감사하지 않을 수 없습니다.

오늘도 말씀을 온전히 깨닫지 못하는 우리의 연약함에도 불구하고 성령님을 보내시고, 우리를 인내로 기다려 주시는 주님께 감사드립니다. 주님께서 우리 삶 속에서 행하시는 일들을 통해 하나님의 영광을 더 깊이 깨닫고, 예수님을 우리의 가슴속에 새길 수 있기를 기도합니다.

요한복음
14:23-24, 26

예수께서 그에게 대답하셨다. "누구든지 나를 사랑하는 사람은 내 말을 지킬 것이다. 그리하면 내 아버지께서 그 사람을 사랑하실 것이요, 내 아버지와 나는 그 사람에게로 가서 그 사람과 함께 살 것이다. 나를 사랑하지 않는 사람은 내 말을 지키지 아니한다. 너희가 듣고 있는 이 말은, 내 말이 아니라, 나를 보내신 아버지의 말씀이다.…그러나 보혜사, 곧 아버지께서 내 이름으로 보내실 성령께서, 너희에게 모든 것을 가르쳐 주실 것이며, 또 내가 너희에게 말한 모든 것을 생각나게 하실 것이다."

예수님께서는 "누구든지 나를 사랑하는 사람은 내 말을 지킬 것이다"라고 하셨습니다. 이는 예수님을 사랑하는 것이 단순한 감정이나 말에 그치지 않고, 예수님의 말씀을 삶의 중심과 근거로 삼아 살아가는 것을 의미합니다. 예수님의 말씀을 지키는 것은 그분이 하나님의 아들이시며 우리의 구원자 되심을 믿는 믿음에서 비롯됩니다. 예수님께서 말씀하신 바와 같이, 그분의 말씀은 하나님께로부터 온 것이기에, 이를 지키는 사람에게는 하나님과 예수님께서 함께 거하시는 은혜가 주어집니다.

그러나, 예수님을 사랑한다고 말하면서도 그분의 말씀을 지키지 않는 사람은 자신을 속이는 자이며, 하나님을 속이려는 자입니다. 하나님께서는 우리의 연약함과 스스로를 속이는 본성을 아시고, 보혜사 성령님을 보내 주셨습니다. 성령님은 우리의 마음을 비추시고, 우리가 진리 안에 있는지 아니면 스스로를 속이고 있는지를 깨닫게 하십니다.

성삼위 하나님께서 저를 위해 믿음을 가지게 하시고, 끝없는 은혜를 베풀어 주심에 무한히 감사드립니다. 이 은혜 안에서 하나님의 말씀을 더욱 붙들며, 주님과 동행하는 삶을 살게 하소서.

내가 너희에게 이러한 말을 한 것은, 내 기쁨이 너희 안에 있게 하고, 또 너희의 기쁨이 넘치게 하려는 것이다. 내 계명은 이것이다. 내가 너희를 사랑한 것과 같이, 너희도 서로 사랑하여라. 사람이 자기 친구를 위하여 자기 목숨을 내놓는 것보다 더 큰 사랑은 없다. 내가 너희에게 명한 것을 너희가 행하면, 너희는 나의 친구이다. 이제부터는 내가 너희를 종이라고 부르지 않겠다. 종은 그의 주인이 무엇을 하는지를 알지 못한다. 나는 너희를 친구라고 불렀다. 내가 아버지에게서 들은 모든 것을 너희에게 알려 주었기 때문이다.

요한복음 15장 11-15절 말씀은 예수님께서 우리를 친구로 부르신 놀라운 은혜를 담고 있습니다. 예수님은 '종은 주인의 뜻을 알지 못하지만, 친구에게는 모든 것을 아낌없이 알려 준다'고 하셨습니다. 친구란 단순히 친분을 나누는 사람이 아니라, 그 사람의 인격을 반영하고 깊은 관계를 맺는 존재입니다.

하나님께서 만왕의 왕이시며 우리가 그분의 종으로 부름을 받아 그분의 명령에 순종하는 것만으로도 큰 은혜요 감사한 일입니다. 그런데도 예수님께서는 우리를 친구로 삼으셨습니다. 어찌 왕 되신 하나님께서 나를 친구로 삼으시겠다고 하시는지, 나의 부족함을 돌아보게 됩니다. 나는 결코 예수님의 친구가 될 만한 자격이나 인격을 갖추지 못했음을 고백합니다.

그러나 예수님께서 '친구'로 부르실 때, 그 은혜를 감당하기에 부족함을 느끼지만, 동시에 그것을 거절할 용기도 없습니다. 주님께서는 나를 옛 자아에 머물지 않게 하시고, 성령으로 새롭게 변화된 참된 자아를 선택하며 살도록 이끄십니다.

저는 그저 간구할 뿐입니다. "주님, 제 인격을 다듬어 주셔서 예수님의 친구가 될 수 있는 사람으로 변화되게 하소서. 저를 새롭게 하시고, 주님의 사랑을 품으며 살아가게 하소서." 예수님께서 우리를 친구라 불러 주신 그 은혜에 날마다 감사하며, 주님께 순종하고 사랑으로 살아가는 삶을 소망합니다.

요한복음 17:9-11

나는 그들을 위하여 빕니다. 나는 세상을 위하여 비는 것이 아니고, 아버지께서 내게 주신 사람들을 위하여 빕니다. 그들은 모두 아버지의 사람들입니다. 나의 것은 모두 아버지의 것이고, 아버지의 것은 모두 나의 것입니다. 나는 그들로 말미암아 영광을 받았습니다. 나는 이제 더 이상 세상에 있지 않으나, 그들은 세상에 있습니다. 나는 아버지께로 갑니다. 거룩하신 아버지, 아버지께서 내게 주신 아버지의 이름으로 그들을 지켜 주셔서, 우리가 하나인 것같이, 그들도 하나가 되게 하여 주십시오.

우리가 예수님께 속한 것은, 하나님께서 우리를 예수님께 주셨기 때문입니다. 하나님께서 우리를 택하시고 예수님께 맡기셨으므로, 우리는 하나님께도 속하였고 예수님께도 속한 존재입니다. 예수님께서는 우리로 인해 영광을 받으셨다고 말씀하십니다. 이는 우리가 하나님께 선택받고 예수님을 믿음으로 구원받은 자로서, 우리가 미처 생각하지 못했던 방식으로 예수님께 영광을 돌리는 역할을 하게 되었음을 의미합니다.

예수님은 이미 본질적으로 존귀하시고 영광스러운 분입니다. 그러나 우리를 통해 그분께서 영광을 받으신다는 사실은, 하나님께서 우리 또한 예수님 안에서 영광스러운 존재가 되기를 원하신다는 깊은 뜻을 담고 있습니다. 이는 우리를 하나님의 은혜와 영광의 통로로 세우신 크신 사랑과 섭리의 증거입니다.

예수님께서는 예수님이 하나님 아버지와 하나가 되신 것처럼 우리도 하나가 되게 해달라고 기도하십니다. 예수님께서 아버지와 하나가 되신 것은 철저한 순종과 사랑으로 이루어진 것입니다. 이와 같이 우리가 하나가 된다는 것은, 우리가 예수님을 영화롭게 하는 존재임을 깨닫고 서로를 귀히 여기는 데 있습니다.

나를 통해 영광을 받으시는 예수님을 바라봅니다. 또한 형제를 통해 영광을 받으시는 주님의 은혜를 깨닫게 하소서. 우리가 서로 하나 되어 예수님을 영화롭게 하며, 그리스도의 사랑 안에서 주님께 합당한 삶을 살게 하옵소서.

요한복음 20:21-23

[예수께서] 다시 그들에게 말씀하셨다. "너희에게 평화가 있기를 빈다. 아버지께서 나를 보내신 것같이, 나도 너희를 보낸다." 이렇게 말씀하신 다음에, 그들에게 숨을 불어넣으시고 말씀하셨다. "성령을 받아라. 너희가 누구의 죄든지 용서해 주면, 그 죄가 용서될 것이요, 용서해 주지 않으면, 그대로 남아 있을 것이다."

예수님께서 부활하신 후 제자들을 찾아오셔서 하신 말씀은 우리의 사명과 은혜를 깊이 깨닫게 합니다.

예수님은 "아버지께서 나를 보내신 것같이, 나도 너희를 보낸다"라고 말씀하시며, 우리가 세상에 나아가 복음을 전해야 할 사명을 주셨습니다. 예수님께서 우리를 보내실 때, 단지 보내는 것에 그치지 않으셨습니다. 그분은 성령을 우리에게 불어넣어 주시며, 하나님의 사역을 감당할 힘과 지혜를 주십니다. 성령께서 함께하시면, 우리는 하나님의 말씀을 선포하고 죄를 회개하도록 권면할 수 있습니다.

복음을 듣고 회개하는 자는, 우리를 통해 말씀을 들었지만, 그 용서는 하나님께서 이루시는 것입니다. 반대로, 복음을 듣고도 회개하지 않는 자는 그 죄가 자신에게 그대로 남아 있어 하나님 앞에 설 수 없으며, 영원한 형벌을 받을 수밖에 없습니다.

예수님께서 우리에게 주신 복음은 이 세상에서 가장 소중한 선물이며, 그 소중함은 영생과 영벌의 갈림길을 결정짓는 열쇠입니다. 따라서 복음을 나눈다는 것은 단순한 행위가 아니라, 세상에서 가장 귀한 선물을 사람들에게 나누는 것입니다.

제가 받은 이 귀한 복음을 나누는 복된 사람이 되게 하옵소서. 성령의 도우심으로 담대히 회개의 말씀을 전하게 하시고, 듣는 이들이 회개함으로 하나님의 용서를 경험하게 하소서. 복음을 나누는 기쁨 속에서 세상에서 가장 큰 선물을 전하며, 영생의 소망을 심는 삶을 살게 하소서.

Part 3.

일상과 묵상

새벽이면 어김없이
눈을 뜨는 이유

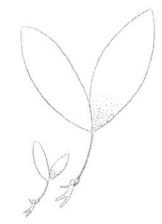

    밤 10시 넘어서 집에 돌아오니 남편이 날 반기면서 밤참을 드시고 싶어 한다. 옷도 갈아입을 사이도 없이 밤참을 기다린 남편에게 그릴치즈 샌드위치를 해드리니 어린아이처럼 좋아한다. 서둘러 성도들이 해야 할 성경공부를 보내고 보니 자정이 넘은 시간이다.

    이렇게 늦게 잠자리에 들어도 새벽 5시면 어김없이 눈이 떠진다. 하나님께서 하시는 일들이 궁금해서 잠을 잘 수가 없다. 아가서의 말씀이 맞다. 사랑하는 사람을 생각하면 일찍부터 그리워진다. 이 황량한 세상에서 하루 종일을 시달리며 살다 보면 더욱 온전한 위로자이신 주님이 그리워진다. 나에게 온전한 위로자이신 주님이 계시다는 사실이 새삼 고맙고 감사해서 코끝이 찡해진다.

깊숙이 숨겨둔 죄

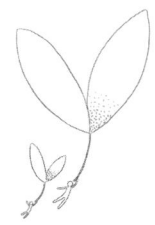

남편이 지난 토요일부터 자동차 키를 잃어버리고 찾아서 헤맨 지가 4일째이다. 남편은 트럭 키를 180불이나 주고 다시 만들었다. 조금 있으면 나올 것이니 기다려 보라고 했지만, 급한 마음에 기다리지 못하고 어제 결국 새 키를 만들었는데, 오늘 아침에 자신이 숨겨둔 서랍 안의 깊숙한 곳에서 발견했다. 내가 숨겨 두고 내가 못 찾는 일이 나이가 들면서 자주 생긴다. 아무것도 숨기면 안 되는 나이가 된 것이다.

우리가 하나님 앞에 투명한 삶을 살면 나중에 주님 앞에 섰을 때 깊숙이 숨겨둔 죄가 없으리라.

사람들은 죽기 전에 죄를 회개하고 용서받고 천국 가고 싶어 한다. 죄가 생각나지 않으면 어쩔 것인가?

말씀을 몰라서 죄인 줄도 모르고 살아가면 어쩔 것인가?

용서를 받아야 할 사람이 용서를 받기도 전에 이미 죽었다면 어쩔 것인가?

그날 그날 잘 살자!

충성스러운 동반자

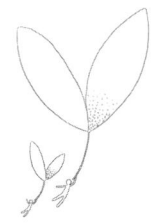

남편이 개와 함께 창고에서 오가며 일을 하고 있다. 개가 있어서 남편을 충성스럽게 따라다니니 보기가 좋고 남편도 행복해 보여서 좋다. 사람에게는 동반자가 필요한데 매번 붙어서 함께 해줄 수 없으니 개가 대신 해주는 것이다.

개는 무조건 사랑하고 복종하고 주인 마음에 들려고 애쓴다. 하나님께서 우리들에게 필요한 것이 무엇인지 아시고 개를 주셔서 위로받게 하신다.

어린아이같이
돌보아 주시는 사랑

남편이 아침에 아르바이트를 하고 오후에 돌아와서 나에게 자기가 받은 것의 반을 용돈으로 주었다. 아직도 남편은 칠십을 바라보는 아내가 어린아이 같아 보이나 보다. 감사히 받았다. 하나님께서 늘 성도를 돌보아야 하는 나에게 남편을 통해서 이런 사랑을 주신다. 감사기도를 드린다.

아이린의 졸업식

아이린이 초등학교 졸업식을 한다고 오라고 한다. 하나밖에 없는 손녀이지만 나는 그 아이를 자주 보지 못한다. 일 년에 몇 차례 볼 뿐이다. 목회란 그런 것인지 나는 늘 바쁘다. 아이린의 졸업식은 꼭 참석하고 싶어서 목성연 모임에도 참석을 못 하고 아침 일찍 나섰다.

사돈과 딸, 사위도 직장에서 시간을 허락 받고 빠듯하게 와서 앉아있다. 놀랍게도 초등학교 졸업생이 87명인데 300여 명의 가족들이 와서 응원을 하고 있다. 아이가 귀하니 아이 하나를 위해서 서너 명은 온 것이다. 아이를 많이 낳지 않고 한 아이를 잘 키워 보고 싶어하는 것 같다.

이제 아이를 낳지 않으니 다음 세대를 이어 갈 그리스도인도 없어지고 전도할 사람도 없어지면 예수님이 말씀하신 땅끝이 오지 않을까 싶다.

약속이 없어서 행복한 아침

아침 일찍 약속이 없어서 행복하다.

평안한 시간을 보내면서, 내가 젊어서 일을 하면서 매일 매일 바쁘게 살았던 오랜 세월을 생각해 본다. 사람들에게는 무엇인가를 배우고 힘써서 일하고 달려갈 때가 있다. 그리고 그동안 했던 일들과 앞으로의 일들을 생각하고 잔잔히 음미할 때도 있다.

앞에서의 모든 슬픔과 아픔과 고난과 기쁨과 행복이 합해져서 사람은 한 사람의 성숙한 인간이 되기 위해 내가 알지 못하는 나의 원시적인 자아를 이겨 나가는 것 같다.

나의 참 자아에는 내가 알지 못하는 많은 것들이 잠재해 있어서, 하나님의 말씀을 알지 못했더라면 그 자아에 이끌려 끔찍한 괴물이 되어 있으리라.

불평 없는 딸들에게 감사

큰딸이 작은딸네 집에 와서 하루를 머무르다가 돌아간다.

우리 부부는 딸을 만나기 위해 작은딸네 집으로 가야 한다. 우리 집에 오면 집이 오래되어 알레르기 반응을 일으키기 때문이다. 그래도 불평하지 않고 찾아오는 아이들이 고맙다.

집이 편하고 좋아서 아이들이 우리 집에 오래 머물면 내가 사역을 하는 일이 힘들어질까 봐 하나님께서 철저히 막으시니 감사하다.

용기는 하나님의 특별한 은혜

포르투갈에 대해서 보았다. 한국보다 조금 작은데 인구는 천만 명밖에 되지 않는다. 그리고 전 세계에 점령을 했던 나라들이 많았기 때문에 포르투갈어를 사용하는 세계 인구는 2억3천만이라고 한다. 스페인 옆의 작은 나라로 바다를 바라보는 것으로 인해 항해술이 발달하였고 아프리카, 인도, 남미를 점령하였기 때문에 많은 점령국을 차지하게 되었던 것이다.

국교는 없지만 대부분의 사람들이 천주교이다. 그래서 브라질이나 남미에 천주교가 많이 전파된 것이다. 하나님께서는 용감한 사람들을 통해서 온 세계에 복음이 전파되게 하셨다. 그 당시에 배를 타고 세계를 여행하는 위험한 일을 통해서 복음은 세계 곳곳으로 전해지게 되었다. 그 덕분에 우리도 안전한 나라들에 복음을 전하러 갈 수 있게 된 것이다.

위험하지 않아도 지금 세대의 사람들이 예수 그리스도를 증거하러 가는 일을 왜 주저하는지 알 수가 없다. 단기 선교라도 나가는 사람은 보통 사람들이 아니다. 용기를 가진, 하나님의 특별한 은혜를 입은 사람들이다.

독을 깨끗이 비울 수 있는
유일한 길

　Septic Tank(정화조)를 비우기 위해 차가 와서 집과 교회의 더러운 것을 말끔히 비우고 갔다. 2년 동안 차 있던 모든 오물이 제거되었으니 얼마나 시원할까?

　우리의 죄도 우리 속에 차서 오물이 되어 부글부글 독을 내뿜는다. 오물을 제거하는 차를 부르지 않아도 매일 매 순간 말끔히 비울 수 있도록 하나님께서 예수 그리스도를 보내 주셨다. 하나님께서 정확하게 깨끗이 비울 수 있는 유일한 길을 지정하여 주시니 은혜이고 축복이다.

　사람들은 죄라는 것을 속에 담고 매일 독소에 절어서 독을 매일 품어 내며 살고 있다. 모든 일이 불만스럽고, 정죄하고, 열등감에 시달리고, 자유를 누리지 못하고 괴로움의 날들을 보낸다. 이러한 엄청난 복음을 우리에게 주셨음에도 불구하고 죽어가는 영혼들이 안타깝다.

우리의 심령이 메마르면

산책을 하면서 낙엽이 많이 떨어져서 산속에 수풀에서 일어나는 일들이 확대된다. 사슴이 숲속에서 가볍게 뛰어도 나뭇잎들은 무슨 큰 소동이나 일어난 것처럼 부스럭거리고 계속 사슴의 발이 닿는 곳마다 바스러지며 아우성을 지른다.

우리의 심령이 메마르면 같은 일인데도 소리가 크게 나고 부스러짐이 큰 것 같다. 우리의 마음을 성령의 단비로 촉촉히 적셔서 사슴이 뛰어도 수용할 수 있는 능력을 기르자.

주인이 있기 때문에

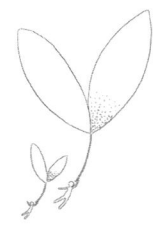

까만 앵거스 소가 가랑비가 내리는데도 유유히 풀을 뜯고 있다. 소는 여러 가지 일을 동시에 하면서도 흔들리지 않고 품위 있게 행동한다. 긴 꼬리 끝에는 새털처럼 긴 털이 달려 있어, 풀을 뜯으면서도 꼬리를 오른쪽 왼쪽으로 흔들어 파리와 모기를 쫓는다. 불룩한 젖은 송아지를 먹이기 위해 일하고 있으면서도 눈으로는 송아지가 어디 있는지 확인한다.

소가 혼자서 풀을 먹고 새끼도 돌보는 것처럼 보이지만, 사실은 주인이 있기 때문에 마음 놓고 생활할 수 있다. 주인은 소를 위해 풀밭을 예비해 주고, 누울 곳에 짚을 깔아 주며, 울타리를 쳐 길을 잃지 않도록 보호해 준다. 또한, 누군가 와서 괴롭히려 하면 막아 주기도 한다. 그래서 소는 마지막에 주인에게 자신을 바쳐 소득이 되며, 주인은 군중을 먹일 고기를 공급한다.

우리의 인생도 그러할 것이다. 내 주인이 누구인지 알면, 나는 주인의 필요에 맞는 충실한 소가 될 것이다.

받쳐 주고 밀어 주고
끌어 주며 가는 나라

내일은 세선회에서 야외예배를 가는 날이다. 한 행사를 하기 위해서 준비해야 할 것이 많다. 장소, 음식, 비가 올 것을 대비해서 큰 우산, 차량, 노인들은 길을 잘 찾아오지 못하고 여성들은 소심해서 아는 길도 다른 사람들에게 얹혀서 가기를 원한다. 게임, 예배, 찬양, 교제, 음악, 악기, 음향, 상품, 순서지와 음악 악보…. 밖에서 예배와 교제를 한다는 것이 나로서는 어려운 일이다. 나는 특별히 음악, 게임, 놀이, 운동 등을 아무 것도 못하고 생각만 해도 머리가 띵할 정도이다. 그래서 그것을 할 수 있는 사람들에게 사정을 해야 하고 물색을 해야 하고….

한 단체의 리더가 된다는 것은 엄청나게 복잡한 일이다. 하나님께서 내가 할 수 없는 일을 하게 하심으로 나의 연약함과 한계를 알게 아시고, 혼자서 하는 것이 아니라 다른 사람들의 도움이 필요하다는 것을 깨우쳐 주시는 것이다.

인간은 혼자 잘난 척하며 살 수 있는 것이 아니고, 하나님의 나라도 혼자 잘 믿어서 갈 수 있는 나라가 아니다. 서로 받쳐 주고 밀어 주고 끌어 주며 가는 나라이다.

섬길 사람들이 있는 행복

　나이 드신 분들이 집에 계시면서 종일 무엇을 하고 있을까 생각하니 안타깝다.
　나도 밖으로 돌아다니지만 말고 노인들을 교회에 오게 하여서 무엇이라도 해야 될 것 같다. 노인들에게 아무도 일을 시키지도 않고 일도 못하게 하니 80세가 되기도 전에 근력이 없고 다리가 후들거려서 걷기도 힘든 것 같고 어디 가는 것도 힘들어서 못 가신다고 한다. 날씨가 조금 시원해지면 오후에 공원에서 걷기 운동이라도 시켜야겠다.
　밖이 너무 더워서 오랫동안 걷기를 못했는데 어제부터 집안에서 적어도 6,000보는 걷기로 하고 한 시간 정도 제자리 걸음이라도 하니 몸이 좀 가벼운 것 같다. 허리도 뻐근하고 다리도, 팔도 힘이 없는 것 같아 집안에서 걷는 시늉이라도 하니 좋다. 사람이 차일피일 미루다 보면 힘이 다 빠지고 근육도 없어지고 일어나지 못하게 되는 것 같다.
　나에게 일이 있고 섬길 사람들이 있다는 것이 행복한 일이다.

사모하는 심령이 주는 기쁨

급히 집에 돌아와서 오후 1시 성경공부반과 함께 하였다. 그들의 사모함이 간절하여 내가 늦었어도 반갑게 맞이한다. 자기들이 일주일간 먹고 싶었던 음식을 골고루 장만하여 가지고 와서 기쁨으로 내어놓고 즐거운 시간을 갖는다. 바쁘지만 이렇게 준비하고 기다리는 이들로 인하여 하나님께 감사를 드린다. 사모하는 심령들이 되어서 말씀을 들으면 진동할 정도로 크게 "아멘"이라고 소리를 지르게 된다.

하나님께서 들으시고 웃으며 기뻐하시리라.

등을 맞댈 수 있게 세우시며

새벽 4시부터 일어나서 성경공부를 올리는 교우들로 인해 새 힘을 얻는다. 일하러 가기 2시간 전부터 일어나 기도하고 성경공부 하는 그들이 나보다 낫다. 그들의 충성스러움에 감사하기 위해 바빠서 며칠을 넘겼을지라도 한 사람 한 사람에게 답글로 격려하는 일을 할 수 있게 되는가 보다.

하나님께서는 우리를 위로하시되, 서로가 등을 맞댈 수 있게 세우시면서 위로하신다.

얼마나 많은 말이
사람 속에 들어 있어서

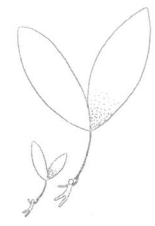

불쌍하다.

얼마나 많은 말이 사람 속에 들어 있어서 사람을 괴롭히고 다람쥐가 쳇바퀴를 돌듯 같은 말을 반복해야 할까? 분명히 어린아이 때 충분히 말을 들어 주는 사람이 없어서였을 것이다. 아무리 말씀을 배우고 회개하고 부르짖어도 없어지지 않고 고쳐지지 않는 것을, 강한 성격으로 인해 가르쳐 주어도 받아들이지 못한다. 그래서 이런 사람들을 친구들은 멀리하고 교우들은 무서워한다.

주님, 불쌍히 여겨 주셔서 치료하여 주소서.

병든 뿌리는 씻어 내고

교회 안 오키드(orchid, 난초) 화분의 뿌리를 보려고 들었더니 개미가 본부를 설치했다.

여러 하루살이들의 알들이 있었고 개미들과 하루살이들이 많이 있었다. 물에 담갔더니 하루살이들이 다 죽고 개미들도 다 없어졌다. 오키드 뿌리를 물로 씻어 내고 흙도 씻어 내고 다시 뿌리에 흙갈이를 했다. 아무리 위에서 물을 주더라도 뿌리가 병들면 꽃이 피지 않는다.

우리의 믿음 생활도 마찬가지이다. 뿌리가 병들었으면 위에서 물을 준다고 해서 그것이 낫지 않는 것과 같다. 병든 뿌리를 씻어 내고 잘라내야 한다. 그것을 진단하고 치료하는 것이 힘든 일이다. 하물며 병든 교우에게 섬기지 않는다고 화내는 사람을 보면 불난 데 부채질하는 격이 된다.

마음은 지나가다 말 한마디 한다고 치료되지 않는다. 같이 울어 주고 웃어 주고 먹고 자고 하면서 오랜 시간이 걸리는 일이다. 그러니 힘이 든다. 모르면 힘이 들어도 열매가 없을 수도 있다.

오이1 _
말씀의 단비를 머금을 때

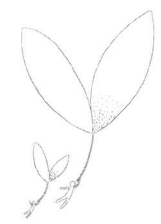

아침 날씨가 화씨 58도(섭씨 14도)로 시원한 느낌이 든다.

오이를 보니 넝쿨이 져서 가느다란 손길을 뻗으며 어딘가에 기댈 곳을 찾고 있다. 자주 오는 비를 듬뿍 머금고 힘찬 젊은이의 핏줄이 팔뚝에 나타나듯 사방으로 줄기를 뻗어 나간다.

나의 영혼은 말씀의 단비를 머금을 때 내 영혼의 줄기가 뻗어 나가서 다른 사람에게까지 손을 뻗을 수가 있다.

오늘도 하나님의 말씀이 내 지표가 되어, 하루 일에 있어서 성급한 나의 본모습이 아니라 예수 그리스도의 생명의 모습으로 보내기를 기도한다.

오이2 _
배우는 것이 많으니
보는 것도 많아서

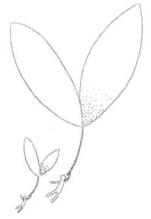

　새벽에 일어나 나가 보니 어젯밤에 시작된 비가 고추나무와 오이 넝쿨에 듬뿍 채워져서 고추나무 몇 개는 쓰러지고 오이 넝쿨에 오이가 밤새 커서 주렁주렁 달려 있다. 고추나무는 크지 않으면 쓰러지지 않는다. 하지만 커지니까 작았을 때 묶어 주었어도 웃자라서 다시 묶어 주어야 한다.

　믿음 생활도 마찬가지인 것 같다. 자라지 않고 비도 맞지 않고 오그라붙은 신앙은 땅바닥에 붙어서 넘어지려고 해도 넘어질 것도 없다. 한참 힘을 쓰며 열심히 말씀을 배우는 사람은 이런저런 일로 시험에 많이 든다. 배우는 것이 많으니 보는 것도 많아서 마음에 들지 않는 것도 많은 까닭이다. 그럴 때 누군가가 일으켜서 끈으로 묶어 주기도 하고 받침대를 세워서 든든한 곳에 기댈 수 있게도 해야 한다.

　시험에 든 자로 인해 기뻐하게 하소서.

오이3 _
양면성

    밤새 비가 억수같이 쏟아지더니 나무만 주차장을 차지한 것이 아니라 오이와 아삭이고추도 크게 자랐다.
    모든 일에는 양면성이 있게 마련이다. 억울하고 슬픈 일에 모든 마음을 쏟으면 슬픈 자가 될 것이고, 감사한 일에 마음을 쏟으면 기쁜 자가 될 것이다. 하나님께서 우리에게 주신 양면성은 천국과 지옥을 보게 하는 일이다.

    예수 그리스도의 십자가가 죽음을 상징하지만 그 엄청난 고통 뒤에 온 인류의 구원이 숨어 있었다.
    나의 삶의 고통 뒤에 숨겨진 엄청난 역사를 바라보며 예수님의 뒤를 묵묵히 걸어가자.

오이4 _
기적을 맛보고
기쁨을 누리는지 궁금하다

아침에 보니 오이가 많이 크게 열려서 이번 주일 상품으로 쓰려고 교회 냉장고에 잘 보관하였다. 며칠 전에 맛동산도 몇 봉지 사왔기 때문에 청년들에게는 맛동산을 전도한 선물로 주려고 한다.

주일이 기다려진다.

어떤 분들이 복음을 전하며 기적을 맛보고 기쁨을 누리는지 궁금하다.

오이5 _
마음을 숙인 것밖에는 없는데

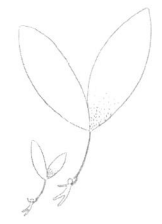

어제 오이를 많이 땄다. 오늘도 일찍 나가 보니 오이가 남아 있어서 또 여섯 개나 땄다. 딸네 집에 가져가서 자랑하고 나누어 먹을 걸 생각하니 우리 집 땅의 일부분을 가져가는 것이라 마음이 벅차다.

부족한 것이 없는 가정들이지만 작은 것에도 기뻐하는 그들에게 고맙다.

나는 아이들이 어릴 때 매일 전도하러 다니면서 아이들에게 마음을 써줄 시간이 많지 않았다. 하나님께 그들의 양육을 매일 기도하며 다녔다. "하나님, 제가 주의 일을 하니 주님이 우리 아이들을 양육해 주세요"라는 염치 없는 떼를 쓴 것이다.

하나님께서 그들을 돌봐 주시고 지금도 평안히 남편들과 잘 지내고 있으니, 이 악한 세상에서 살아가고 있으니, 순전히 하나님의 돌보심이다.

내가 하나님의 일을 한다고 해서 크게 유익이 된 것도 없을 터이고 고생만 잔뜩 하고 아무것도 없는 주제에 쓸데없이 돌아다니며 귀찮게 한다고 했을 것이다. 내가 아이들을 키웠으면 쓸데없는 잔소리 하고 화를 내고 억지로 무엇을 하라고 하면서 상처만 주고 많이 싸웠을지도 모른다. 시간이 없고 바쁘니 미안하여 마음을 숙인 것밖에 없는데도 하나님께서는 불쌍히 여기시고 돌봐 주신 것이다.

아이들이 40이 넘어서도 주님 안에서 사는 것을 생각하니, 마음이 울컥하고 눈시울이 뜨겁다.
어찌 감사하지 않으며 기쁘지 않을까!

에필로그

    대형 점보 여객기는 편안한 여행을 위해 타지만, 헬리콥터는 주로 긴급한 상황에 출동하여 위급한 생명을 구합니다. 나 역시 위기의 순간 아이티에서 헬리콥터로 구조되었습니다. 헬리콥터를 보내어 살려 주신 것은 하나님의 은혜이며, 또한 하나님의 특별한 계획이 있었기 때문이라고 믿습니다.

    목회란 매일매일 헬리콥터를 타고 날아가는 듯한 여정입니다. 이 세상에는 패잔병 같은 이들이 많습니다. 세상은 전쟁터와 같아서 승자는 없고, 모두가 상처 받아 아파하며 살아갑니다. 사람들은 생각보다 많은 것을 바라지 않습니다. 그저 한 사람이라도 자기 편이 되어 공감해 주고, 응원해 주길 원합니다.

    목회자의 역할은 단순히 위로자가 되거나 친구가 되어 주는 것에 머무르지 않습니다. 하나님의 나라를 전하고, 그분의 백성으로 성장하도록 돕는 것이 바로 목회자의 사명입니다. 그렇기에 목회자에게는 특별한 분별력이 필요합니다. 세상의 필요를 채워 주려다 보면 자칫 사람을 하나님보다 더 의지하게 하는 어리석음을 범할 수 있기 때문입니다.

    하나님께서는 이 시대의 시니어들에게 특별한 은총을 베푸셨습니다. 오늘날의 시니어들은 젊고 건강하며, 경험이 풍부하고 시간적, 경제적 여유도 있습니다. 그래서 은퇴 후 크루즈 여행을 가거나, 그동안 이루지 못한 소망들을 이루기 위해 버킷리스트를 실천합니다.

그러나 예수님을 주인으로 모시고 사는 시니어들에게는 더 큰 비전이 있습니다. 바로 선교와 전도의 사명입니다. 시니어들이 해외에 나가 선교하면 외국의 젊은이들은 그 모습을 신기하게 여기고 감동 받으며 도전을 받습니다. 황금기에 황금과 같이 쓰임 받는 것입니다.

"주님을 경외하는 사람에게 주시려고 주님께서 마련해 두신 복이 어찌 그리 큰지요? 주님께서는 주님께로 피하는 사람들에게 복을 베푸십니다. 사람들이 보는 앞에서 복을 베푸십니다"(시 31:19, 새번역).

이 책이 주님을 사랑하는 모든 분들께 힘과 용기를 주었으면 합니다. 이 책을 통해 하나님께서 준비하신 비행기를 타고, 이미 마련하신 추수의 현장에서 손을 들고 기꺼이 달려가 주님의 부르심에 응답하는 여러분이 되기를 소망합니다.

"너희는 넉 달이 지나야 추수할 때가 이르겠다 하지 아니하느냐 그러나 나는 너희에게 이르노니 너희 눈을 들어 밭을 보라 희어져 추수하게 되었도다"(요 4:35).

911 헬리콥터 영성

나는 늦다

1판 1쇄 인쇄 _ 2025년 2월 20일
1판 1쇄 발행 _ 2025년 2월 25일

지은이 _ 이영숙
펴낸이 _ 이형규
펴낸곳 _ 쿰란출판사

주소 _ 서울특별시 종로구 이화장길 6
편집부 _ 745-1007, 745-1301~2, 743-1300
영업부 _ 747-1004, FAX 745-8490
본사평생전화번호 _ 0502-756-1004
홈페이지 _ http://www.qumran.co.kr
E-mail _ qrbooks@daum.net / qrbooks@gmail.com
한글인터넷주소 _ 쿰란, 쿰란출판사
페이스북 _ www.facebook.com/qumranpeople
인스타그램 _ www.instagram.com/qrbooks
등록 _ 제1-670호(1988.2.27)
책임교열 _ 최찬미 · 이화정

ⓒ 이영숙 2025   ISBN 979-11-94464-24-2   03230

책값은 뒤표지에 있습니다.
이 출판물은 저작권법에 의해 보호를 받는 저작물이므로 무단 복제할 수 없습니다.
파본(破本)은 구입처에서 교환해 드립니다.